La science sauvage de poche

04

日本人の魂の古層

Recherche stratigraphique
de l'âme japonaise

編著
金山秋男
Akio Kaneyama

居駒永幸　岩野卓司　中沢新一
Nagayuki Ikoma　*Takuji Iwano*　*Shin'ichi Nakazawa*

明治大学出版会

Contents

まえがき

本書は、明治大学リバティアカデミーという、生涯学習プログラムの一環として実施された「日本人の魂の古層を探る」全一二回の中から、三つの講義を採録し、さらにこれまでの知的営みが〈古層〉とどのように関わり、今後それがどのように展開されていくのか、というテーマのインタビューを付して一冊にまとめたものです。

戦後の豊かさや利便性の追求の中で、ますます古いものが捨てられ、いわば過去をもたない人間が作り出す世界からは、生活の実質が失われ、それがさまざまな歪みを社会に生み出していることは否定できないように見えます。

しかし、真理の探究を生活現場の実感に即して語るという趣旨で始められ、さまざまな角度からこのテーマに切り込んだ本講座は、常識と化したかに見える日本の文化や社会の単相性・均質性が、実は近代以降の怠惰な知性が描き出した表層の事象にすぎないことを明るみに出しました。

実際、本書の中で紹介されるように、「高度産業社会の先端を走っている国でありながら、野生の思考がこれほど文化の中にいきいきとセットされている世界はない」とレヴィ＝ストロースも指摘しているのです。島尾敏雄が発見したように、単相性どころか「ヤポネシア」に象徴される多様性・異質性、すなわちポリでありミクロであることこそ日本の本領であり、それがモノでマクロでなければならないように考えられている現状は、政治や経済優先から生まれた近代以降の策動の結果にすぎません。

本書は、前二章と後二章とで、〈古層〉への光の当て方が異なります。前者は現世中心の近代思考の中で失われてきた「魂の古層」を、主として民俗学の立場から照射し、死者の世界と生者の世界、そして神々や自然を含み込んだ、かつて神話が保持していた濃密な物語空間の復権を探っています。

前二章間には重複も見られますが、第1章が日本人の他界観の特性を浮き彫りにすることを目指しているのに対し、第2章はあくまで先達としての谷川健一の祭祀・神歌研究に寄り添いつつ、谷川を批判的に継承していく姿を語っており、谷川の鎮魂歌にほかなりませんが、それが同時に筆者自身の研究史にもなっております。

それに対して、後二章では人間中心、自己中心、日本中心性などに基づく「文化」が、いかに生きることの実態から私たちを隔ててきたのか、を問うことに重心が置かれます。第3章では、同じ日蓮の法華的理想に根差しながら、その理想を日本を中心にして実現しようとする企図が、結局イデオロギーに堕してしまう国柱会と対比することで、「一切衆生悉皆成仏」のもつ真の脱中心性への道を歩んだ、宮沢賢治のコスモロジカルな世界が際立つように語られております。

そして第4章は、本書の総括ともいうべき視点から、そもそも古層とは何か、そしてどのように〈古層〉は探られうるのかが示唆されていきます。ここで触れられる深沢七郎から吉本隆明に至る学者、文人、思想家の営みは、いずれもこの世界のリアルな実体に直《じか》に渉り合うべく、「文化」

という表層の向こう側へ突き出ようとする試みにすぎない、ということの次第が語られております。

もはや世は、人間だけが救われてもどうにもならない時代に突入している以上、本書で取り上げたような視点を無視した世の文化論は畢竟、戯論でしかないといってよいでしょう。なによりもまず、私たちを幾重にも取り巻く「文化」という皮膜を突き破ることで、自分たちが現に生きている実態を見極めねばなりませんが、本書がそのような問い直しの一助とでもなれるとすれば、私たちにとってこれに勝る喜びはありません。

また、編集の都合上、今回は本書に採録されなかった本講座の他の講義も、まったく遜色のない素晴らしいものであったことはいうまでもありません。近い将来、これらも読者に公開される日が待ち望まれます。

最後に、本書の企画から刊行にいたるまで、多大な協力と忍耐力で支えて下さいました明治大学出版会の浜口稔先生と須川善行氏に心からの謝意を表します。お二人の深く鋭い思想性に裏づけられたサポートがなかったら、本書も社会と文化の表層をなでる啓蒙書にとどまったにちがいないからです。

二〇一六年一月末日

金山　秋男

第1章

常世の思想

金山秋男

現世と他界

今日は日本人の抱いてきた常世を中心とする他界観について、主として民俗学の立場からお話ししてみたいと思います。民俗学を定義して、**谷川健一**さんは「神と人間と自然の三者の交渉の学」であるといっておりますが、その場合、その学を構成している「人間」とは何かがまず問われねばなりません。ホモ・サピエンス（理性の種）など、人間に関してはさまざまな定義がありますが、他の動物と比較して大きな違いのひとつに、人間は他界を想い描く動物であるということができると思います。

日本民俗学の創始者であります**柳田國男**も**折口信夫**も、日本人はどこから来たのかという問題と同時に、死後の魂はどこに行くのか、という問いを探ることをやめませんでした。このようにふたりの大先達は終生、「トコヨ」とか「ニライカナイ」と呼ばれる、魂が往還する「他界」を追い求めたのです。

たぶん人の死に対する最初の反応は、それまでいっしょに生きていた仲間が、活動を止め、冷たくなってしまうという衝撃だったでしょうね。そ

谷川健一
たにがわ・けんいち。一九二一―二〇一三。民俗学者、作家、歌人。在野の立場から民俗学や日本文学の研究を行った。著書に『沖縄　辺境の時間と空間』『南島文学発生論』。

柳田國男
やなぎだ・くにお。一八七五―一九六二。民俗学者。日本民俗学の開拓者。日本各地を旅行して民間伝承を取材した。著書に『遠野物語』『蝸牛考』。→p.54, p.148

折口信夫
おりくち・しのぶ。一八八七―一九五三。民俗学者、国文学者、詩人、歌人。マレビト論に代表される研究は「折口学」とも称される。著書に『古代研究』『死者の書』。→p.54, p.148

の現象が自分にもおよび、誰もがその運命を避けられないことが自覚されて、死が初めて普遍的な概念として、社会に共有されることになったということでしょう。

そして、死の概念を共有するようになった人々が次に抱いた疑問は、死者はいったいどこに行ってしまったのか、ということだったのでしょうね。ただの物体と化したこの死骸を離れて、仲間がどこか別の場所に行ってしまったと考えるのは自然であり、別の場所で生きているはずだという考え方は、残された者たちにとって、さぞ心の慰めになったに違いありません。そして生者が集団生活を営んでいる以上、死者も彼らなりの共同体をもっているに違いないと思うのも不自然ではありませんよね。また、そこからさらに、自分たちはどこから来て、ここにいるのだろうという疑問が湧いてきても何の不思議もありません。

村がひとつの宇宙であり、村境が他界との接点と考えられていた時代が長く続いてきました。そのころには、他界とは現世の延長でしかなく、現世と他界は相対して、まったく相似の世界とみなされていたふしがあります。

死者を集落からほど近い小島や海浜や川向こうに葬る慣習があった時代

には、いうまでもなく死者の行く黄泉の国は、現世のすぐ近くにあったはずです。南島にある青の島などもその一例にすぎません。その場合は、渚、あるいはリーフが現世と他界との境界線になっていたのです。谷川さんは、日本人にとって現世と他界とは原初においては、相似で等価の関係にあったとして、次のようにいっております。

古代においては、現世と他界とに双分された世界があった。古代人の世界を見開かれた一冊の書物にたとえるならば、左のページは海の彼方にある他界であり、右のページは、自分たちの住む現世であった。その書物の喉にあたる部分、すなわち中心線が渚であった。そうして左右のページ、すなわち他界と現世とはまったく相似であるとおもわれていた。

いうまでもなく「相似」とは、現世に起ることは他界でも起るということで、この世で漁師であった者はあの世でも漁師であり、したがって現世と他界の間には、何らかの優劣もなかったということ。このような合わせ鏡の世界の中で、人々は安心して生き死にを重ねることができたのですね。

古代人の死生観は彼らの太陽を中心とする宇宙観に依拠するものであったといえます。つまり、自分たちの生と死は虹のように放物線を描き、その一方の脚は渚の手前に、他方の脚は海を越えて水平線に没していました。そして、その水平線には太陽の穴があり、太陽はその東の穴から毎朝誕生すると思われていたのです。月も満ち欠けを繰り返しますが、人間の生も太陽や月と同様、死んで死の国（常世）に行き、そこからまた現世に再生すると考えられていたことになりますね。

双分された世界のほころび

ところで、このように素朴な双分された宇宙観は、記紀神話の中ですでに崩れていると谷川さんはいいます。歴史のトバ口でもう、往来可能であった現世と他界の間には、深い亀裂が生じているというのです。確かに日本の神話はイザナギ・イザナミの離婚劇から始まりますよね。死んだイザナミを訪ねてイザナギは黄泉の国に下りますが、そこで妻の腐乱死体を盗み見て驚き、逃げ帰るところを黄泉醜女に追われ、ついに夫は現世に、妻は他界にと絶縁されてしまいます。

またスサノオもアマテラスの作る「田の畔離ち、溝埋め、亦大嘗聞看す殿に、屎放り散し」などと狼藉の限りを尽くし、天岩戸《あまのいわと》の場面をはさんでついに根の国に追いやられてしまいますよね。

豊玉姫《とよたまひめ》も、夫の彦火火出見命《ヒコホホデミノミコト》に産屋をのぞかれ、八尋鰐《ヤヒロワニ》の正体が露見し、竜宮へ帰ってしまう。以上三つの物語について、谷川さんは、いずれも「失われた楽園」、「妣《はは》の国」への身を焦がす思慕が、ライトモチーフになっているというのです。

折口信夫も、豊玉姫の物語は異族の国からやってきた女が、信仰の違いから、夫と別れて、自国へ帰っていったという話と解釈しております。そこで、両親の間に引き裂かれた子は、去っていった母の俤《おもかげ》をいつまでも忘れられず恋いしたうという悲劇が起こったのだというのです。考えてみれば、豊玉姫の子のウガヤフキアエズは豊玉姫の妹の玉依姫《タマヨリヒメ》と結婚し、神武天皇を含め四人の子供を産むのですが、そのうちふたり、つまり稲飯《イナヒノ》命《ミコト》と三毛入野命《ミケイリノミコト》が、熊野灘で入水するというのも妣の国たる海神の宮に焦がれ帰っていったと考えなければ記紀神話のあの場面からいって不自然でしょうね。

折口の指摘するこの物語の前半部分、すなわち異類の女が人間の夫のもとを去っていくという説話は、日本ならずとも、東南アジアなど各国にたくさんあります。むしろこの神話の特徴は、大和政権がスタートするまさにその始発点で初代天皇の兄ふたりが綿津見《わたつみ》の世界に還ってしまい、まさに渚をはさんで、兄弟が現世と他界に別れてしまうというところにあるのです。

そういえば、スサノオも、ほうほうの体で黄泉の国から逃げ帰ってきたイザナギが、身に付着した死穢を禊ぐために、自分の鼻を洗った際に誕生したのですから、イザナミの子とはいえませんが、ひげが地につくころに到るまで、妣の国に行きたいといって泣き続け、その激しさは山や川を涸れさせるほどで、イザナギによって「根の国」に追い払われるという叙述を思い出さないわけにはいきませんね。

「妣」とはいうまでもなく、死んだ母親のことですから、そう考えれば、古来「妣の国」とほぼ同義といってよい「常世」は、フロイトによる西洋型とは異なるものの、一種のエディプス・コンプレックスとして、以後日本人の深層意識の中に潜在し、ときに露出して、亡き母を恋うる秘かな哀愁の旋律をかなでることになるのです。

話をもとに戻しますが、すでに記紀神話の中で双分された世界の均衡が破られていることは重要だと思います。このような神話というものは、決して誰かエリートの文芸趣味から生まれたものではなく、常民の集合的無意識から喚起された物語であるからです。いわば、日本人の中には、一個の自己というよりも「民族的自己」とでもいうべきものが、その存在の核心をなしており、その常民の生活文化の集積の上に神話が生まれてくるのです。

　ですから、双分された世界に亀裂が走るということは、民族意識の地盤が崩れ始めた、という由々しき事態にほかなりません。そして、時代を下るにしたがって、現世と他界との関係は、単に往来の途絶にとどまらず、徐々に現世の圧倒的優位に変わっていくのです。つまり、中国の影響のもと、現世を支配する天皇の権力が強まるにつれ、彼は他界のオーソリティをも収奪し、他界の祖霊神のもつ神聖な権威は地に堕ちていくことになるのです。常世がやがて、そのリアリティを喪失して、容易に到り得ぬ不老不死の国と抽象化されて、単なるユートピアに変容していくのも、神仙思想の影響もありますが、むしろ谷川さんもいうように、「常世が現世と合わせ鏡のようなかたちで、確乎として存在するという信仰の衰退」によるものといってよいでしょう。

山中他界

　ところで、日本人の他界観について、死者がこの世を離れて遠い他界に旅立つという観念の不在は、従来ほとんど反論の余地がないものとされてきました。第一、イザナミを訪ねて向かった黄泉の国は、イザナギが走って逃げ帰ることのできる世界であり、もうひとつの他界である高天原《たかまがはら》にしても、現世と同じ景観を備え、水田耕作や機織りが行われ、しかも簡単に往復することができる世界のように描かれていますよね。要するに、神々の棲むとされる世界も、死者たちの過ごす黄泉の国も、この世の延長でしかなかったのです。「日本では現世と隔絶した他界表象が未発達である」というのは**家永三郎**さんの指摘ですが、彼はその理由をさらに、日本人特有の「肯定的人生観」と「連続的世界観」によるものとしております。

　六世紀に日本に伝来した仏教も、それまでの日本にはなかった明確な彼岸表象と体系的な死生観を持ち込んだはずでしたが、それがややかたちをとるのは、**法然**や**親鸞**の浄土教を待たねばならず、せっかくの仏教も、すべてを融和的に同化してしまう日本人のメンタリティの中で、インドとも

家永三郎
いえなが・さぶろう。一九一三―二〇〇二。歴史家。反権力の立場からの発言・活動や、教科書検定をめぐる裁判などで知られる。著書に『太平洋戦争』『戦争責任』。

法然
ほうねん。一一三三―一二一二。平安時代から鎌倉時代初期の僧。浄土宗の開祖。「南無阿弥陀仏」と念仏を唱えれば往生できるという専修念仏の教えを説いた。

親鸞
しんらん。一一七三―一二六二。鎌倉時代前半から中期にかけての僧。浄土真宗の宗祖。法然の弟子にあたり、如来の本願力(他力)を強調した。また、「善人なほもて往生をとぐ、いわんや悪人をや」という「悪人正機」の考えは有名。

中国とも似ても似つかない様相を呈することになるのです。その際のキーワードになったのが、「霊山信仰」とか「山中他界」という概念ですね。

日本では太古の昔より山を神聖なものとみなし、信仰の対象としてきたことは皆さんよくご存知のことだと思いますが、仏教が入ってくると、そこに説かれる死んで他界に行くという教理を受け入れながら、ごく自然にそれまで保持してきた他界観と習合させてしまいました。その結果、宗教民俗学者の**堀一郎**さんがいうように、地獄や極楽がこの世と隔絶した異界であるという仏教本来の観念もあっさり変容させられて、地獄も極楽も山の中にあるという「山中他界」の世界観が生まれてくるのですね。「日本人の地獄極楽の他界観は、十万億土とか十万由旬というような誇張された幻想の世界ではなくて、霊魂の行く山であり、墓であった」とは仏教民俗学者の**五来重**さんの言葉です。

たとえば、山形県の月山《がっさん》は巨大かつ秀麗な山容をもつ霊山ですが、山麓に住む人々の間では最近まで、人が死ぬことを美しい稜線を備えたこの山へ「いらっしゃる」と敬虔な気持ちを込めていっていたといいます。同様に、最上川上流に住む人々の間でも、夕日が、照り映えつつ月山の頂に没していくとき、やはり「いらっしゃる」といわれていたということです。

堀一郎
ほり・いちろう。一九一〇—七四。宗教学者、民俗学者。柳田國男の娘三千と結婚し、宗教民俗学を提唱し、ミルチャ・エリアーデを日本に紹介した。著書に『我が国民間信仰史の研究』『聖と俗の葛藤』。

五来重
ごらい・しげる。一九〇八—九三。民俗学者。日本仏教の研究に、民俗学の視点・手法を導入、地域宗教史・民衆宗教史に大きな業績を残した。著書に『熊野詣　三山信仰と文化』『仏教と民俗　仏教民俗学入門』。

ここで注目すべきは、常民の間では太陽や月などの神霊も、自分たちの祖霊も同じ霊山に憩うということです。まさに、神と人間と自然の同質性とでもいいましょうか。

にわかには腑に落ちなかったのですが、数年前に鳥海山麓の蕨《わらび》岡という集落にある巨大な集落墓地を同僚に同行して訪れたときに、初めて霊山のもつ圧倒的な意味と力が了解されました。蕨岡はそれ自体が死者と生者が同居しているような不思議な雰囲気が漂う集落でしたが、複雑な入り口から登っていって村の集合墓地を見たとき、唖然として息を呑むとともに、ある感動が体の中を駆け抜けたのを今も鮮明におぼえております。すべての墓石が霊峰たる鳥海山の頂を見つめていたからです。

同様な経験は、その後宮古島の島尻という集落の大森《フンムイ》にある、自然洞窟の風葬墓を訪れたときのこと。洞窟の中には午後の薄明かりが満ち、かなり昔に風葬された人骨にはかなり苔むしておりましたが、その洞窟の前方、切り通しのような崖の間を通して、その真向いには、人も知る沖縄の代表的聖地たる大神島がありました。神の島とされる大神島に死者たちの視線が常にそそがれていることに、死者たちと、そしてやがてその死者たちの列に加わるであろう生者たちの幸せを、感激とともに味わうことができましたのは、数あるフィールドワークの中でも、得がたい経験でした。

海の彼方の他界

ところで、他界観念が進展してくると、それは少しずつ遠く、海の彼方へと美化されて投影される傾向があるようです。そこに見える地先の青の島が第一次的他界とすれば、その次に現れてくるのは第二次的な他界といってよいでしょう。沖縄で死者の行く世界を後生《ぐしょう》といいますが、それはいうまでもなく仏教用語の転用にすぎません。たぶん仏教が多少とも沖縄に影響を与えるまでは、人々は未分化な他界観を生きていたに違いありません。すなわちそこは、神とも祖霊とも妖怪ともつかないものが混在するところで、それが徐々に観念の浄化とともに整理され、神の住む世界は海の彼方に押しやられてしまったといってよいでしょう。

でも、神が青の島にとどまっていたときの記憶も消え去ることなく、ニライカナイの神が来訪する際には必ず、青の島に立ち寄るという信仰が後世まで残ったものと思われます。最近まで沖縄では神はニライカナイにいて、世持神《よもちがみ》として世《ゆ》（豊饒）をもたらし、他方祖霊は後生にいて、八重山諸島の盆行事のアンガマに見るように、時を定めて子孫のもとを来訪する、というふうにこのふたつが分裂して、別々に考えられるようになってきていますが、その分化・展開していくプロセスを宮古島の他界観に見ることができると思います。

宮古島では双分するふたつの世界の往還というよりも三つの世界の循環という、宇宙観そのものの構図に琉球弧の他の島には見られない特徴が見られます。

そもそも沖縄における他界の代表ともいうべき「ニライカナイ」そのものが、島々で呼び方も異なり、各島の特異性に応じて、その意味合いも異なるのは当然ですが、宮古の場合は本島やその属島、それに八重山の島々と、かなり展開の様相が違うという印象を禁じえません。

宮古諸島では、「ニライカナイ」という言葉は使いません。ところによって「ニッジャ」、「ニラ」、「ニリヤ」とか「ニッダア」と呼び、呼称自体はまぎれもなく「ニライカナイ」と類をなしますが、肝心なのはその他界観に付与した、島民の生活の集積と、それをもとにした感性による想像力によって、他の島々と若干異なるということですね。

古来、常世とか、後生とかはどんなところか、明るいところか、薄暗いところか、それとも真っ暗なところか、など議論が絶えません。柳田國男などは、根の国の根は木の根っ子ではなく、存在の根源の意味だとして、常世＝常夜とか黄泉＝夜見というような解釈を否定しましたが、宮古島の場合は、『宮古史伝』や各種神歌《ニーリ》を見る限り、真っ暗な地下の世界という感覚が支配的です。たとえば、七歳になる子供が地底に落とされながらも、底知れぬ洞窟を抜けて、地下にある「根入リヤの国」に参って、そこから大鍋に油をいっぱい入れ、十尋布を灯心としてそれに火をともして送り返され、油の燃え尽きるころ、現世に戻ったという「住屋御嶽《すみやうたき》」の縁起説話が載せられております。

　このほか一四世紀に活躍した与那覇勢頭豊見親《よなはせどとゆみや》が敵のねたみにより後生に送られたけれど、閻魔大王に相応する後生大王によって地上に送り返されるという内容を歌う神歌も残っており、そこでは彼は綱を張り渡した後生の道をその綱をたよりに暗闇の中を現世に戻ったというのです。

　ともあれ、宮古島では、ニリヤとかニッジャとかニッダアと呼ばれるものは、おおむね地底の暗い世界と考えられていたことが、これでわかります。でも、『宮古史伝』などよりはるかに前から宮古島の民衆の中に育まれてきたのは、海の彼方には神となった祖霊の島があり、それに対して、死後に行くのは、祖霊の住む後生であるという他界観です。ここで死者の世界と神の世界はふたつに分裂したのだということができるのです。

〈他界─現世─死者の国〉の循環

ところで、ニッジャとかニッダアとはどんなところかというと、穴とか洞窟があって、それを降りていくと、そこへ行けると宮古の伝承にあります。それは本土でいえば黄泉の国に近く、ただ違うのは、そこを通り抜けてまた元に戻れるという点です。八重山のアカマタ・クロマタはナビンドゥという穴から、宮古のパーントゥはニッダアという井戸から出没しますが、沖縄の来訪神は井戸や洞窟を通して、他界と現世との交通が維持されていることが大切なところです。

また、海に浮かんだ珊瑚礁ともいうべき宮古島では、井戸はもとより掘り抜き井戸ではありませんから、底がないといわれていて、そこを通っていくと海底の竜宮に通じていると信じられてきたのです。しかも、さらにそれから天に昇って先ほどの井戸の真上に降りてくる、というのですから驚きです。井戸の底は海の底に通じ、その海はそのまま天に通じているということ。古代人にとっては、水平線で一致する天と海とが、アメとアマとして同一視されたことは、海に面した本土でも同じですが、宮古ではそれが動態的宇宙観をなしていたということが重要なのです。つまり、地の底と海の彼方がまったく対立しておらず、しかもそこに天空も加わって天体（太陽）のような魂の円運動を感じとっていたということがです。

たとえば、宮古島の狩俣という集落を例にとると、その集落の背後にある大森《フンムイ》はニスマと呼ばれてきましたが、そのニ＝根の島（シマはアイランドではなく、ある一定の地域）であり、カンヌスマ（神の島）という意味です。そして、そのニスマ＝根所たる大森の前に開けたのが狩俣の集落、つまりミャーク（ミヤコ）なのです。そしてさらに南の方にあるのがパイヌスマ。パイとはハエともいいますが、南のことですので、パイヌスマとは死者が赴く暗黒の黄泉の国ということですが、先に述べたように地の底はそのまま薄明の海の底の竜宮に通じているというわけです。

以上は宮古島出身の研究者の**本永清**さんの諸説に依拠するものですが、もとは神はまた祖霊でもあるのですから、カンヌスマとパイヌスマはもと同一だったといっていいと思います。本永さんによれば、狩俣集落をひとつの宇宙と考えれば、カンヌスマ、ミャーク（ミヤコ）、パイヌスマは、それぞれ神のいるところ、人間の住むところ、それから死者の行くところと、三つに分かれているということです。狩俣の南西の海浜近くに、

本永清
もとなが・きよし。一九四八―　。徳島文理大学アドミッション・オフィス副部長、琉球大学教育学部非常勤講師、宮古の自然と文化を考える会理事。専門は民俗学、琉球文学、国語学。→p.65

かつて風葬に使われた岩穴が口を開けており、集落をはさんで、北に原生林としての大森が繁っているという構図は、観念と実在の見事な一致といってよいでしょう。

もともと現世と他界のふたつの世界しかなかったところに、パイヌスマという死者の国が加わることによって、三つの世界に分かれたわけですが、たぶんそれは、死穢の観念や死霊に対する恐怖がニスマと分離したニッジャやパイヌスマという他界を必要としたからだと考えられます。

面白いのは、楽土と来世が分離するとき、楽土としてのニライは海彼《カイヒ》から天に昇り、来世としてのニライは地下や海底にもぐり、これに人々の住む現世《ミヤコ》を加えると三つの世界が生まれるということ。さらに面白いのは、太陽も現世を照らす「あがるいの太陽《テダ》」だけではなく、天上の世界を照らす「神の島《カンヌスマ》太陽《テダ》がなし」（がなしは敬称）があり、地下世界には「後生テダ」があるというふうに、三つの太陽がそれぞれの世界を照らすという多元性、多系列的コスモロジーであります。ここには現世の優位や特権性はなく、他界はそれぞれ単なる現世の延長ではありません。

しかし、また次のように考えることもできます。ミャーク（ミヤコ）というのは集落のかたまっているところで、狩俣の人々が日々暮らしている世俗的な生活空間ですが、とすれば、ミャークという言葉には時間と空間が交錯していることになります。空間的に見れば垂直的にミャークの上にカンヌスマ、下にパイヌスマということになり、それは同時に生活時空として聖・俗・穢が水平的に並んでいると見ることもできます。そしてこの三つはそのまま過去世・現世・未来世に対応しているのです。大切なのは、宮古ではこの水平と垂直、時間と空間、信仰と生活がダイナミックにクロスしていたということなのです。

つまり、ポイントはそのダイナミズム、すなわち循環です。かつて谷川さんから聞いたことですが、たぶん沖縄が本土復帰を果たしたころのことだと思いますが、宮古島の代表的御嶽近くのインガー（井泉）の井戸の上に農協がビルを建て始めたことがあるというのです。それがやがてカンカカリヤと呼ばれる神女たちの猛反対にあったというのです。

さっき述べたように、井戸は地底を通って海の底の竜宮へ到る入り口でしたよね。そして竜宮の神は天空に昇り、そのまま井戸に降りてくる、というマブイ（魂）の循環が宮古の人々の信仰の核心であったわけです。井戸は何よりもまず天空に向かって開かれていなければなりません。井戸の上にビルが建つのは、浄化されて神となった存在が再びミャーク（現世）

に降りてくる口を封じることになってしまいます。宮古の人々の生命を支えてきた神聖な井戸をふさぐとは何ごとだ、ということだったといいます。結局、井戸にふたをしてそのふたに穴を開けることで妥協したということですね。

本当にそうですよね。井戸を埋めるということは、水道が発達した今日、何の不都合もないように見えますが、それは人々が信じ、生きてきた伝統的な世界観を切断し、破壊することにほかなりません。谷川さんの言い方を借りれば、それは「そのような世界に生きてきた宮古の人々の息の根を止めること」だというのです。私は谷川さんから聞かれました。「伊勢の五十鈴川が埋められたとしたら、どうなると思う？」。これはある川を埋めたり、改修したりするというような物理的あるいは政策的な問題ではなく、実は、神とかいのちとか魂というものの流れを止めてしまうという問題なのですからね。

「常世」と「ニライカナイ」の違い

琉球弧の中でも、さまざまに継承されてきた文化が異なるのですから、本土と沖縄との間にはおたがいに、ほとんど異界ともいうべき開きがあるといってもよいでしょう。それは本土と沖縄が歩んだ歴史があまりにも違うという点に起因していると思います。

まず第一に、沖縄に鉄器や製鉄技術が伝わったのは、なんと一二、三世紀ごろという事実です。本土では鉄器は弥生時代初期の紀元前三、四世紀ごろには導入されているといいますから、その差はおよそ一五〇〇年。何よりも鉄器の使用は人間が自然を征服する第一歩であり、鉄器の導入とともに沖縄にも新しい時代が到来します。つまり、沖縄本島の豪族（按司）たちも、海外からの鉄器を争って求め、それを農機具として使用することで生産力を高め、また鉄製の武器を使って覇権を目ざす時代に突入したのです。

第二に、暦の導入。石垣島出身の国語学者の**宮良当壮**によれば、八重山に太陰暦が導入されたのは一七、八世紀とされますが、本土に大陸から暦

宮良当壮
みやなが・まさもり。一八九三―一九六四。国語学者。全国の方言を調査・研究し、『琉球文学』を編集発行、戦後の琉球文学研究に影響を与えた。著書に『八重山語彙』『沖縄の人形芝居』。

が入ったのは欽明期とされますから、一五世紀に暦制が導入された首里王府と比べても一〇〇〇年近い開きがあることになりますね。

それに加えて、南島の第三の特徴は、仏教の影響が非常に稀薄であったことです。一七世紀に実権が王府から薩摩藩に移っても、薩摩は真言宗と禅宗のみを許し、琉球支配の道具として利用し、浄土真宗を禁制にしましたので、庶民層への仏教の浸透はほとんど起こらなかったのです。

このように、鉄器の使用は農作物の大幅な増産を促し、強力な武器による覇権争いを刺激しますが、暦の普及も社会生活を合理的なものにするのみならず、農業の発展にも寄与しますし、仏教の受容もそれまでの集落ごとの信仰活動を超えて、宗教の普遍的価値基準を与えます。南島社会がこれらに大幅に後れをとり、しかもその影響も離島ほど稀薄であったことは、琉球弧の社会を本土と決定的に異なるものとしたといってよいでしょう。

こうして、文明化の三要素ともいうべき、鉄器、太陰暦、仏教などによって社会を均質化し、それまでの抗いがたい自然の脅威を克服しえた本土と違って、沖縄でははるかに後代まで、圧倒的な自然の力が人間の前に立ちふさがり、社会の発展を著しく遅らせたことは誰も否定できません。

しかし、文明の遅れは必ずしも不幸なマイナスといえないことは、文明を極めた今日の日本人が物質的豊かさの中で、心の貧しさに悩んでいる現状を見れば明らかでしょう。今でも文明的利便はどちらかといえば太平洋側、しかし伝統文化の豊かさは日本海側に保持されています。のちにヤポネシアと日本との関係について述べるように、文明と文化はえてして相反するものです。

先に「双分する世界」、すなわち現世と他界の関係性の亀裂について述べましたが、本土の「常世」と沖縄の「ニライカナイ」の間にも、歴史の展開の中で決定的な開きが生じてまいります。第一、「常世」という言葉自体、奈良時代、すなわち記紀の成立と同じころ、本土では日常語ではなくなっております。それに対して、「ニライカナイ」という言葉は、久高島のイザイホーや宮古島の祖神祭を撮り続け、二〇〇〇年に亡くなった沖縄の代表的写真家の**比嘉康雄**さんも、数年前に他界した谷川さんも、自分は死んだら必ずニライカナイに行くのだと確信し、また人にも語っていたように、その言葉はまだ沖縄人《ウチナンチュ》や沖縄に深く関わった人々の心の中に生きているように思います。

その背景には、「常世」と「ニライカナイ」の、それぞれ本土と沖縄における位置（意味）づけの違いがあると思います。「黄泉の国」「根の国」

比嘉康雄　ひが・やすお。一九三八—二〇〇〇。写真家。民俗学の分野でも大きな業績を残した。著書に『おんな・神・まつり』『日本人の魂の原郷——沖縄久高島』。

「妣の国」などは、いうまでもなく「常世」の類語ですが、それらはすべて天津神《あまつかみ》の支配する「高天原」との対立を含んでいるのです。いいかえれば現世と常世（他界）との対立にすぎません。そして、そこが「常世」と「ニライカナイ」の決定的な違いになるのです。

谷川さんもいうように、すでに失われた「常世」の観念には、現世から他界をのぞみ、その分裂をいたましく思い、それだけその合一への尽きぬ想いに身を任せる感情がこめられているのです。それに対して、「ニライカナイ」には、比嘉さんや谷川さんの想いに明らかなように、現世と他界との分裂、葛藤は見られず、相互の信頼の絆が失われているようには思えません。そこにはむしろ、祖霊神の島から現世を温かく見守る視座が保持されているように見えるのです。それはアンガマなど、来訪する祖霊神を祀り、祖霊との時間を心から楽しむ数々の習俗に、今もしたたかに息づいているのです。谷川さんも次のようにいいます。

「常世」が現世から他界へのまなざしであるとすれば、「ニライカナイ」は他界から現世へのまなざしである。一方には求めて得られない翹望があり、他方には慈愛にみちた庇護の感情がある。

南信州の「踊り神送り」

しかし、それでは本土では他界との絆がまったく失われたのでしょうか。盆が近くなると、今でも、新聞やテレビでは亡き肉親への想いが報じられます。それも、死別から時が経っていなければいないほど、また死者への愛着が深ければ深いほど、そうした報道に接した私たちの心を打ちますよね。私が各地の万燈会で出会った方々の中にも、亡き肉親への深い想いを語ってくれた人がたくさんおりました。

あの世とこの世の間には決定的な断絶はなく、死者の魂は盆や彼岸など決まった日に、現世の私たちのもとへ戻ってくることができ、私たち遺族は追善供養を行い、ささやかながら死者の冥福増進に寄与することができるという習俗は今も各地に残り、日常の殺伐たる現実にひとときの涼風が送られてくるような気がします。

たとえば一〇年程前の八月一六日、私は盆踊りを見るために南信州の新野におりました。町の中心にある「市神様」を前に、三夜連続して明け方まで踊り続けた果てに、村境まで精霊《しょうろう》を送っていくという、最終日の

「踊り神送り」を見るためです。この盆踊りは太鼓や笛などの鳴り物はいっさい使わず、哀切な音頭取りの「音頭出し」と踊り子の「返し」との掛け合いだけで進行するというものです。大正年間の末期、柳田國男や折口信夫が見出して感動し、現在のかたちに純化し、定着させるために手を貸したことは有名ですが、なかなか見る機会が得られませんでした。

当日、案の定宿がとれず、しかたなしにかなり離れた隣の売木村のペンションに投宿することになりましたが、その売木村で、鳥肌が立つような感動的な祭に遭遇することになるのです。翌朝のフィナーレに焦点を合わせた私は、一〇時から始まる盆踊りにたっぷりと余裕をもって女主人の車で新野に向かいます。同日は売木の村祭りも最終日で、彼女の話では新野とは比較にならないが、とても素朴ないい祭りだというのです。新野の盆踊りの開始まで二時間あまり余裕があるというそれだけの理由で、しばし立ち寄ることにしました。中学校のグラウンドの薄暗い灯火の中、踊っている人とて二〇人あまり。むろん、綿あめや焼きそばを売る店もありません。しかし、その光景の美しさに茫然自失。かき入れ時で忙しい女主人をひとまず返し、終わりまで見ることにしました。

やがて、九時過ぎに盆踊りは終わり、やぐらの上に吊り下がっていた切子灯籠が降ろされます。新精霊を象徴する灯籠が縁者たちに手渡され、順に隊列を組むのですが、そのとき何も見逃すまいと間近で見ていた私にも、切子灯籠がひとつ渡されたのです。土地の人の優しさでしょうか、よそ者の私が驚いて辞退するのに、「まあいいから、もってあげてください」という温かい言葉に甘えてみました。

ほどなく、しずしずと列は校門への坂を下り、薄暗いメインストリートを進んでいきます。いつの間にか、それぞれの軒先から人が集まり、三倍くらいの人数にふくれ上がり、やがては村はずれを流れる川にかかった石橋の上に、その年に亡くなった人の切子灯籠が積まれ、またその回りをゆっくりとした歌に合わせて踊る人々のその優しさ、美しさ。やがて灯籠の山に火が放たれると、炎と火の粉は勢いよく立ちのぼり、まさに魂が天に帰っていく様子を私は身体全体で感じておりました。ここには死者と生者とのあまりにも温かい魂の交感がありました。

やがて、ピックアップしてもらった女主人の車で一〇時すぎ、新野に到着。最終日ということもあり、前二夜よりもかなり数が多いということでしたが、それもあってか、ゆっくりとした踊りのテンポの中にも、ある激しさが感じられました。昔は踊りの円周の長さが三〇〇メートルを超えていたといいますが、私の目測では今はその三分の一くらいでしょうか。

朝まで続く祭だから、あわてることはないと、私は祭りの会場をしばし離れ、初めて訪れた新野の町を探訪するため、暗がりの路地裏に入っていきました。橋のたもとにはいくつもの莚《むしろ》が敷かれ、その上には茄子で作った馬や盆花や精霊にもたせてやるさまざまなみやげ物が置かれております。今年亡くなった人々の魂だけが、一晩だけよけいに遺族と過ごして別れを惜しみつつ、盆踊りの音頭に合わせて送られるという配慮にも、庶民信仰の優しさが息づいております。

やがて朝もすっかり明けた午前五時ごろ、御嶽行者を先頭に町役たちがあらためて「市神様」に詣でますが、それを機にテンポの速い「能登」の歌舞が始まり、音頭屋台から切子灯籠がいっせいに切り落とされます。同時に音頭の調子もがらりと変わり、それに合わせて今までの長い円の列が一気に崩れ、若者を中心に小さな円がいくつも作られ、いちだんと激しく踊り始めるのです。

いよいよ、「踊り神送り」の始まりです。町役たちの切子灯籠の列は踊りの庭を突っ切って、一キロほど離れた町境のお寺に向かって進み始めます。鉄砲の合図とともに、このとき初めて鳴り物が使われ、列は鉦《かね》の音に合わせて「ナンマイダンボ、ナンマイダンボ」と唱えながら、突き進んでいくのです。
その神送りの列が近づくにつれて、小円をなした踊りも激しくなり、送りの直線と踊りの円との間にもみ合いが生じ、鉦もひときわけたたましくなります。踊りの輪は次々と神送りの列によってつぶされますが、つぶされた輪はそのまま列を追い越し、さらにその前方にまた輪を作るのです。このように神送りの列は次々と踊りの円陣を突き崩しながら、前へ前へと進んでいくのです。このときの体内に満ちあふれてくる感動はいったい何なのでしょうか。私をこの祭りに駆り立てた**阿満利麿**さんは次のように書いております。

私はそのとき、突然、熱いものがこみあげてきた。踊り神送り（精霊送り）の列は死の直線である。それを激しく阻止して踊り続ける円陣は、生の輪である。生の輪が、死の直線によって次々と破られていく。それは無常そのものの図柄ではないのか。
死の矢を目前に生の輪が燃えあがる。それが激しければ激しいほど、切なく哀しい。惜しむとはこのようなことをいうのであろうか。

阿満利麿
あま・としまろ。一九三九—　。宗教民俗学者。専攻は宗教学、日本思想史。著書に『宗教の深層　聖なるものへの衝動』『日本人はなぜ無宗教なのか』。

でも、なるほど「生の輪」は「死の直線」によって破られていくのですが、よく見ていると、神送りの列と踊りの輪との間には何ともいえぬ温かな交流があり、共に一年の別れを惜しんでいるようなのです。

やがて、踊りの輪は消え、みんながゆっくり歩き始めますが、祭の最終地点である寺の境内への階段に差しかかろうとしたとき、私の前を歩いていた若い娘のひとりが、「ねえ、ねえ、最後にもう一度輪を作ろうよ。だって、また一年会えなくなっちゃうじゃん」と仲間を促し、最後の円陣を組んだのが感動的でした。たぶん高校生とおぼしきこのような若者の中にも、他界の死者への熱い想いが息づいているということを確認できたからです。

神送りの列は、やがて境内の広場に到着、いくつかの儀礼ののち、広場に積まれた切子灯籠に火が放たれ、人々は燃え上がる灯籠を背後にひきあげていくのです。後ろを振り返ってはなりません。彼らは夏が終わって秋が来たことを確認しつつ、新精霊との一年の別れを惜しみ、また巡りくるハレの日の再会を待ち望みながら、日々の営みに戻っていくのですね。

まさに、柳田國男が『先祖の話』で展開した常民の先祖教とその他界観を眼前に見る思いがいたします。常民の世界には他界の住民との自在な対話と交通が開かれており、盆などには自分の縁者のみならず、無縁さんにまで施餓鬼棚を作って供養するのも、死者と生者との温かな交流の産物にほかなりませんね。

歩いてゆける「他界」

それにしても、以上のような日本人の素朴な宗教的信条は、先に述べたように、家永さんのいう「現世と隔絶した他界表象の未発達」に起因するとしても、どうしてこのような特質と国民感情が醸成されたのでしょうか。まさに日本にとっての救済の地は到達可能な同一空間にあるという確信です。

たとえば、与那国島など離島各地には、過酷な人頭税に苦しんだあげく、南方洋上に未発見の楽土があるという幻影に駆られて、脱島したという口碑が少なからずあります。南《みなみ》波照間島《はてるまじま》の物語もそのひとつですが、脱島はいうまでもなく、王府および島津藩の財政の基盤を根底から揺るがすことですから、最大の罪ですよね。

口碑によると、一六四八年、波照間島の屋久村のヤクアカマリという若者が酷税に苦しむ村民を救おうと、南方洋上を詳細に探査し、ついにひとつの仙島を発見したといいます。それは南波照間島と名づけられ、ある夜明け、老若男女四、五〇名が、この島に移住するため船出したというのです。しかも別の口碑には、一行が夜陰に乗じて船に乗り込み、まさにともも綱を解こうとしたそのときに、ある主婦が鍋をひとつ忘れたことに気づいて、あわてて取りに戻ったというのです。そのうち夜は白々と明け始め、今か今かと待っている人々も、とうとう待ちきれずに出航してしまいました。その女が砂浜にたどりついてみると、船はすでに帆に風をはらんで沖に出ている。そこで彼女は身もだえして泣き叫び、手にもった鍋で砂をひっかいた、というところから、そこはナベカキの浜という地名がつけられたといいますが、本当の話か確証はないにしても、リアリティはありますよね。明治時代になってから、県知事が南波照間島の探索を海軍に依頼したといいますが、むろん発見されるはずはありません。しょせん幻影の島だったのですから。

それにしても、南波照間島は彼らにとって、あくまで南方洋上、地理延長線上にあるとイメージされていたことが重要です。それは、決して他の宗教における天国のように、現実の時間、空間を超越した世界とは考えられていなかったということです。このように、他界や常世など幻想の世界を、現実の延長線上にイメージすることは、日本人の独特な世界観といってよく、それはこれまで幾多の説話文学を彩ってきたといってよいでしょう。

たとえば、仏教が入ってきたあとの『今昔物語集』の中に、「殺生を業」とする源太夫の発心譚が語られています。悪辣非道の源太夫がある日、巷間でふと仏事に出くわし、「年来罪ヲ造リ積タル人ナレドモ思ヒ返シテ一度「阿弥陀仏」ト申シツレバ、必ズ其ノ人ヲ迎テ、楽ク微妙《メデタ》キ国ニ、思ヒト思フ事叶フ身ト生レテ、遂ニハ仏トナム成ル」との言葉に、がぜん発心し、真西に向かって、深き河、高き峰も迂回せず、その足跡は一直線に西方浄土に伸びていったというのです。

殺生を業とする極悪非道の輩が、衆人環視の中で翻然と出家し、弥陀のいるという西方に向かってまっしぐらに突き進んでいくというこの説話は、末法の世が迫った時代の人の心をよほどとらえたようで、ほかに『発心集』などいくつかの説話集にも採録されておりますが、この説話でも注目すべきは、西方極楽浄土が文字どおり、足元より西方、基本的に徒歩で行ける地続きとしてイメージされていたということなのです。

このように、他界を現実の地理延長線上に求める願望は、この国ではよほど強かったと見えて、このほかにもたとえば、『蜻蛉日記』の中の、死者に会うことができるという「みみらくの島」の所在についても、これまで五島列島の南端、福江島の旧三井楽町にあたり、それはまた『肥前国風土記』や『万葉集』に出てくる美彌良久のことだとされてきたようです。**松田修**さんは、このみみらくについて、これまでの解釈が、何の疑いもなく現実の地名としていることを問題とし、みみらくは、幻の島にすぎないということをわざわざ論証していますが、谷川さんもみみらくとはニーラクの訛ったもので、もとよりニライカナイにほかならないと述べているのは注目に値すると思います。家永さんの趣旨もたぶん同様で、「そこには他界・彼岸を現実との連続において表象する日本民族の伝統」があったのは否定できません。

これまで述べてきたことからも明らかなように、他界を現実の国土のどこかにありとする考え方は、日本人にはごく自然なものといってもよいものです。歴史に照らしても、一二世紀初頭から高野山とか善光寺とか、吉野や熊野などに対する信仰が隆盛を見ますが、それらも先に述べた山中他界観に依拠する信仰にほかなりません。

松田修
まつだ・おさむ。一九二七―二〇〇四。国文学者、文芸評論家。芸能史、民俗学の知見を踏まえ、近世文化における闇の部分を論じた。著書に『刺青・性・死 逆光の日本美』『闇のユートピア』。

補陀落渡海

中世の仏教説話によく登場してくる補陀落渡海も、とりあえずインド洋上、あるいは中国舟山列島の観音浄土とイメージされていたにせよ、その最終目的地は熊野灘のはるか南の洋上に幻視されていたのです。五来さんによれば、補陀落渡海は、「水葬と入水往生の二面をもつ宗教的実修」ということになりますが、それは一種の海の修験にほかならず、渡海に船出する行者には、補陀落浄土は間違いなく現存するものと信じられていたのであり、松田さんもいうように「現実の異国への航路に連続して、補陀落への航路があり、今日的合理の眼からは信じがたいが、両者は次元を同じくしていたのである」ということになるのです。

民俗学者の**高取正男**さんは、その理由を日本古来の村落共同体のありように求めております。海や山によって隔てられたわが国では、時代をさかのぼるほど、島々、村々は分断されておりました。分断と孤立、すなわち「孤島苦」の中で日常生活を営む人々が、自分たちの生活圏の彼方に、憧れの世界をもたねばならなかったとしても何の不思議もありません。

高取正男
たかとり・まさお。一九二六―八一。民俗学者・歴史学者。宗教史、宗教民俗学の立場から日本文化の特質を研究した。著書に『神道の成立』、『民間信仰史の研究』、『日本的思考の原型』。

近世に入っても、都から来る文人墨客が地方の人々に厚くもてなされたのも、彼らが憧れの都の香りを平板な日々の生活にもたらしてくれる「まれびと」だったからにすぎません。そして、この村や島の彼方にある憧れの世界が、他界の観念とつながってくる、と高取さんはいうのです。彼は次のように続けます。「村人の生活は、ハレとケが時間の流れに従って、年中行事として巡ってくるだけでは、まだ孤立した現実を生きる力を生まなかったのであり、自分たちの生活している同一空間に、常時ハレの部分が「共時的に」あるのだという信仰があってはじめて、苛酷で暗い現実を生きることができた」というのです。そして、高取さんは、いみじくも次のようにいいます。

人びとの日常の生活圏が個々に分断され、相互に隔絶しあっているほど、ハレの部分は個々の生活圏をかこむ山々の、稜線の彼方に想定される。

空間的に求め、生み出されたハレの憧れの世界という空間認識というか地理感覚が他界、彼岸をも、この現実の生活圏の延長線上に引きつけて、離さないということですね。考えてみれば、この特色はたとえば「山越阿弥陀図」などにも明らかで、十万億土の向こうに座すはずの阿弥陀如来が、観音、勢至菩薩とともに山の稜線の上に、ぬうっと顔をのぞかせている図は、皆さんにもおなじみのことですよね。

だから、家永さんの指摘も他界と現世の連続性という面では正しいのですが、現実の人生の肯定から生まれたというのはおおいに疑問といわないわけにはいきません。現実の生活があまりに暗く、辛いから、人々は稜線の彼方に憧れの世界、すなわち一種の常世を想い描かざるを得なかったということですからね。その世界が仏教的浄土だろうが、民俗的他界だろうが、そんなことはどうでもよかったのです。自分たちが生きる世界のどこかにハレの世界があり、かつそこに行くことは必ずしも不可能ではない、と信じることができる限りは。

かつて、国文学者の**益田勝実**さんは、観音信仰の聖地が清水寺から長谷寺へ、そしてそこから高野山から吉野を過ぎて大峯、熊野へと、時代を下るにつれて、都から南へ南へと移っていく不思議な現象に着目したことがあります。彼によると、このような現象の根底には、「民族の歴史の中で

益田勝実
ますだ・かつみ。一九二三―二〇一〇。国文学者。国文学研究の世界に説話研究や民俗学の視点を導入したことで知られる。著書に『火山列島の思想』『古事記　古典を読む』。

伏流化している、危機ないし終末に際しての、〈南への脱出〉の傾向性」があるというのです。そして、〈南への脱出〉とは、究極、「果てしない大洋に身をゆだねること」であり、古くは、記紀神話に見えるスクナビコナノミコトの、常世への旅立ちにまでさかのぼる行為であり、中世から近世にかけての補陀落渡海も、その延長線上のできごとである、というのです。

同時に、益田さんは、このような観音聖地の南への後退が、日本人の信仰心の変質ともかかわっていることを指摘しております。つまり、京の都の清水寺や大和の長谷寺での観音信仰は、「生命を全うしつつ、いながらにして、あるいは少々の旅の苦労を代償として、観音の利生《りしょう》に与《あずか》ろうとする信仰」でありましたが、そのような安易な信仰の「無効性が痛感されてはじめて、国のさいはての地熊野の信仰が生まれる」というのです。すなわち、より確かな救済への確信を得るために、いちだんと深い信仰を求める心は、またいちだんと強い苦行を求めて、「聖地を南へ南へ押し下げて」いったというわけです。

先の松田さんも、補陀落渡海に関連して、「自虐性こそ」日本的特質だとして、次のように述べております。

信仰の法悦にひたるよりも、その前提として信仰の確認、自己確認を求める。つまりは己を傷つけ害《そこな》う痛覚において、信仰を体験する。痛覚のないところ、信仰・信仰の体感もまたない。

自虐性とは、いうまでもなく滅罪のための苦行にほかならず、それは修験道に典型的に現れている苦行滅罪による擬死再生そのものであり、今でもおおかたの庶民信仰の屋台骨をなしているといってもよいでしょう。また、その苦行主義も、穢れた古い自我が死んで、新しい自己に甦える、いわゆる擬死再生のための聖なる空間を必要とするものです。そして、その聖なる空間も、より厳しい修行を求めるために、どんどん都を遠ざかり、ついに熊野までたどりついたといってよいでしょう。しかし、中には地の果て熊野でもなお、救済への不安を解消することのできない人もいたかもしれませんよね。そのような人々が、さらに南方洋上にあると幻視される、補陀落浄土を目ざして渡海を企てたということもあったかもありません。

「日本」を超え、「ヤポネシア」へ

ただ、私が思うに、そこには別の要因もあるのかもしれません。つまり、日本人の祖先がはるか南方からやってきたという、有史以前の民族の移動の記憶をさかのぼろうとする衝動と重なり合っているように思います。しかも、その衝動の行きつくところは、これまで南島の民俗信仰について述べてきたように、死者・祖霊が鎮まる根の国＝常世であり、それはあらゆる魂が行きつくところであると同時に、そこからまた現世に戻ってくる起点でもあったのです。

このように、日本人の意識の根源に横たわるものをつきつめていくと、そこには「常世」という未知の領域が現れてきますが、それこそは日本人の民族的深層意識の原点であり、日本人がこの列島に黒潮に乗ってやってきたときの記憶の航跡をさえ意味しているのです。

そのように考えれば、日本人の死後の観念が祖先の移動の記憶と交叉する地点こそが「常世」にほかなりません。日本人の民族体験としての記憶の総和は、いつしか「集合的無意識」として私たちの中に沈殿しているということですね。つまり、常世とは死者の帰りゆく島であると同時に、日本民族の起源の島でもあるのです。

常世の世とは、先にも述べたように、豊饒さを表しますが、具体的には稲のことです。沖縄の神祭りの歌にヨヤナオレという言葉がよく出てきますが、ナオルというのは実ること。つまり、稲が豊作であってほしいという祈りです。この場合の常世は稲が常にたわわに実っている世界であり、そこからやってきた民族渡来の記憶が、この常世という言葉には込められているのでしょうね。

そうでなければ、なぜ亜熱帯以南にしか棲息しないセグロウミヘビを三方に載せて神前に奉納しなければ、陰暦十月の出雲でも神在祭神事が始まらないのか、説明がつかないと思います。これはまさしく私たち日本民族の南方とのつながりを表していると思われるのです。つまり、はるかな昔に小さな船でやってきた祖先のまた祖先の航海の記憶、そして彼らが抱いたであろう懐かしい母の国への熱い想い。

むろん、これまで見てきたように、「常世」に寄せる想いは、地域により、時代により一様ではありません。折口信夫のいう『日本書紀』の常夜というのは、大陸から古墳文化が伝わり、特に横穴式古墳が出現した時代の名残りに違いありません。それがイザナギがイザナミを求めて訪れた凄惨な黄泉の国の状況だったのでしょうね。他方、それとは無関係に宮古島では常闇のパイヌスマという観念が近代まで残ったということは先に述べたとおりです。

ことほどさように、「常世」という日本文化のキーワードには日本人の時代や地域を超えた夢や絶望などさまざまな情念が込められています。考えてみれば、日本ほど地理的に緯度をまたいで南北に長い国も珍しいですよね。チリなどはもっと長いでしょうが、日本はチリのように陸続きではなく、島嶼として成り立っていることで、文化の同質化、均質化から免れてきたところに特徴があります。もうひとつ、日本の社会には、表層はすっかり近代化の波で同質化されましたが、少しほじくれば古層が現れ、古いものと新しいものとの混在が幾重にも層をなして見られるということです。たぶんこのような現象は、儒教やキリスト教やイスラム教によってローラーをかけられた国々から見れば、特異な部類に属するといってよいでしょう。少なくとも、わが国では支配者が統一原理として、特定の宗教や思想を極度に不寛容なかたちで押しつけてくるということはなかったし、神道も仏教も儒教も、統一原理として、他の宗教を全面否定する歴史はありませんよね。

けれど、日本列島を単系列の時空間で計ることほど不当なことはないはずなのに、近代日本ほどそれを無反省に濫用してきた国家も少ないと思います。つまり、西洋の意識や価値の尺度で日本を計ってきたのです。以来日本人の意識は常に「ポリ」ネシアではなく、「モノ」ネシアの方向に、また「ミクロ」を無視して、西洋大国の原理である「マクロ」ネシアに憧れて生きてきたのが日本近代の歩みにほかなりません。つまり、モノカルチャーのマクロな世界への憧れを、今でもまだ日本人は捨てきれないでいるのですよね。

旧植民地のタスマニア島の歴史はブリテン島の歴史に少しも劣る価値をもつとはいえないというのは、**レヴィ=ストロース**がヨーロッパ偏重の価値意識に向けて吐かれた痛烈な批判でしたが、これと同様な対比が「日本」と宮古島など、数知れない辺境（ヤポネシア）文化との関係についても、まったくあてはまると思います。

このような「ポリ」で「ミクロ」な特質をもったヤポネシア社会は、いうまでもなく、「日本」などという国家成立よりはるか以前から存在し、間違いなく日本列島に住民の生活がある限り存続するという性質のもので

レヴィ=ストロース
クロード・レヴィ=ストロース。一九〇八―二〇〇九。フランスの哲学者、社会人類学者。構造主義の祖とされ、ラカン、フーコーらに影響を与えた。著書に『悲しき熱帯』『構造人類学』『野生の思考』。

す。それは「日本」という国家の命運などとはまったく関係ありません。同じこの列島を表すヤポネシアという枠組みが、単なる国民国家としての日本をはるかに超えて、世界各地に散らばるそれぞれの独自の文化を受容できる基盤となることを期待して、今日の私のお話の締めといたしたいと思います。本日はご清聴まことにありがとうございました。

第2章

魂の還る処

民俗学者、谷川健一さんとの対話

居駒永幸

谷川健一と短歌

私は「魂の還る処《ところ》」というタイトルで、民俗学者で一昨年（二〇一三年）お亡くなりになった谷川健一さんとの対話についてお話しします。「魂はどこに還っていくのか」という問題を、宮古島を中心に、谷川さんとの対話を通して考えていきたいと思っています。

谷川健一→p.2

谷川さんと私は、「谷川先生」と呼ぶ関係でなく、いつも「谷川さん」と呼んでいました。谷川さんは自らの学を在野の民俗学といっておりましたし、「先生」と呼ばれることを好まない雰囲気を、何となく私は感じていました。ですから、ここでも「谷川先生」ではなく、「谷川さん」と呼ばさせていただきます。

谷川さんは大正一〇年（一九二一年）のお生まれで、熊本県の水俣のご出身です。谷川さんは最初、平凡社に入り、そこで『太陽』という有名な雑誌の編集長を担当していました。『太陽』の創刊は一九六三年ですが、とても衝撃的な写真がちりばめられていて、学生時代の私はよく買って読んでいました。

ところが、谷川さんは『太陽』を辞めます。自分は四〇代から民俗学者になったと言うのをよく聞きました。一九六九年に初めて沖縄へ行ったそうですが、一九七〇年に『沖縄　辺境の時間と空間』というたいへん有名な本を出版されました。これが谷川さんの沖縄研究の最初の本になります。私はこの本を学部か大学院のときに読んだと記憶しています。

この『沖縄　辺境の時間と空間』という本、「辺境」という表現が使われているので、沖縄の方には怒られるかもしれませんが、これには意味がありまして、またあとで触れたいと思います。

谷川さんの沖縄研究は、のちに宮古島に絞られていきます。宮古島の民俗、あるいは祭祀と神歌に照明を当てていくのです。私が初めて谷川さんにお会いしたのも宮古島でした。私は日本古代文学の研究をしているのですが、三〇歳代の半ばごろに文献中心の研究方法に限界を感じて、一九七〇年代以降、注目されていた沖縄研究、特に宮古島狩俣の神歌調査に私も入っていきました。一九八九年のことです。谷川さんと宮古島でお話したのはその翌年だったと思います。博学と洞察力に圧倒されたことを、いま思い出します。その後、何度もお会いし、対話を続けてきたというわけです。

谷川さんは、皆さんもご存知のとおり、その著書はまさに汗牛充棟に及びますが、ジャンルも多岐にわたり、研究書はもとより、小説・評論から歌集も出版されております。執筆の範囲がとても広いのですが、その中でも特に短歌を取り上げることからこの対話の口火を切りたいと思います。谷川さんは若いころから短歌を詠んでいます。

あかあかと飾電気のつくゆふべ友らを乗せて汽車はかへりぬ
（『余花』、『谷川健一全歌集』所収）

旧制中学二年の一四歳のころ、すでにこんなすごい歌を作っています。これは一四歳の人が作ったとはとても思えない歌です。谷川さんはやはり病弱だったようです。「やはり」というのは、後に結核を患って入院したりしているのです。修学旅行にも病気で参加できなかったようです。それでひとり、友の帰りを待つという歌を詠んでいるのです。並の表現者ではないと思わせる才能をすでに一四歳でもっていたわけです。

一九八九年には『海の夫人』という歌集を出しています。「海の夫人」の言葉は、古事記神話の、皆さんもご存知かと思いますが、「海幸山幸」

の話によるものです。火遠理命《ほおりのみこと》は綿津見の国（竜宮の国）を訪問するのですが、故郷が恋しくなって帰ってきます。その後を、海神の娘の豊玉毘売が追いかけてきます。女神は渚で子供を産み、その名前は鵜草葺不合《うがやふきあえずの》命《みこと》というのですが、その上にも名辞があります。それは天津日高日子《あまつひたかひこ》波限建鵜葺草葺不合命《なぎさたけうがやふきあえずのみこと》というものです。「なぎさ」なのです。「鵜草葺不合命」というのは、浜辺に産屋を建てて、その屋根を鵜の羽でふくのですが、今にも産まれそうなときに産屋を建てたものですから、出産までに間に合わなかったというエピソードによるものです。豊玉毘売はまさに「海の夫人」なのです。

谷川さんは昭和一六年からずっと歌を作るのを中断していたのですが、一九八九年にこの本を出版する前の年に入院をして、一二月から一月にかけての一ヶ月足らずに詠んだ六二首の歌が収められています。入院中に詠んだとはものすごいイマジネーションだと思うのですが、それが第一歌集です。その後、堰を切ったようにまた歌を詠み始めるわけです。宮中の歌会始（二〇〇九年）の召人にもなっております。あのときのお題はたしか「海」だったと思います。飛魚の胸びれがきらきらと光っているという歌を詠まれました。

陽に染まる飛魚の羽きらきらし海中《わたなか》に春の潮《うしほ》生れて

この詠進歌の背景に飛魚をうたった「おもろさうし」の歌があったことを自作の評論の中で述べています（『露草の青　歌の小径』）。ちなみに『谷川健一全歌集』という本も二〇〇七年に出されています。

なぜ私が、谷川さんがこんなに歌を詠まれたという事実を取り上げるのかというと、谷川さんの民俗学は、もちろん丹念な調査やフィールドワークに裏付けられるものなのですが、その感性は短歌の世界ととても深く結びついていて、短歌とセットにするとよくわかるということがあるからなのです。そういう理由で、あえて取り上げました。なお、『谷川健一全集』全二四巻が冨山房インターナショナルから出ておりまして、それが二〇一三年の六月に完結し、その八月にお亡くなりになったのです。九二歳でした。

柳田國男という民俗学の創始者の遺した仕事、その少し後を歩んだ折口信夫の仕事がありましたが、谷川さんの仕事は、それをもう一度とらえ直して再構築した、ということになるのだと思います。先ほども申し上げま

柳田國男→p.2
折口信夫→p.2

したように、短歌の世界と民俗研究が深く結びついているという点においては、柳田も短歌を作りますし、折口は釈迢空《しゃくちょうくう》という有名な歌人でもありますから、この柳田、折口の学統を引き継いでいるといえるでしょう。

「ヤポネシア」とは何か

今日は、最終的に「魂の還る処」という話にたどりつく予定ではありますが、その前にお話ししなくてはならないことがあります。それは、谷川さんの沖縄から宮古島へという学問対象の絞り方にはどのような背景があったのか、ということです。

「ヤポネシア」とは何かについて書いた評論は、一九七〇年の『沖縄　辺境の時間と空間』の中に入っています。比較的短い評論で、初出は確か『日本読書新聞』に掲載されたものです。「ヤポネシア」というのは小説家の**島尾敏雄**が作った言葉です。彼は加計呂麻島で昭和二〇年八月一三日に出撃命令を受け、そのまま終戦を迎えます。その前に彼は九州大学を繰り上げ卒業し、百八十数名の若い部下を束ねる隊長になるわけです。第一八震洋特攻隊という、ボートに大量の爆弾を積み込んでひとりだけ乗り、燃料は片道だけで沖縄海域まで出撃するという海の特攻隊です。

加計呂麻島の呑ノ浦に基地があって、押角はその近くにある集落です。呑ノ浦には現在、当時の様子が復元され、ボートが格納されています。岸

島尾敏雄
しまお・としお。一九一七―八六。小説家。特攻隊隊長として、奄美群島加計呂麻島に赴任、終戦直前に出撃命令を受けたが発進の号令を受けぬまま終戦を迎えた。終戦後は、私小説、超現実主義的作品、日記・紀行文など、さまざまな系列の作品を発表した。妻は島尾ミホ、長男は写真家の島尾伸三、孫にマンガ家のしまおまほ。著書に『死の棘』『贋学生』。

壁に穴を掘って、かつてそこに多くの特攻艇が格納されていました。そのボートは異様な形なのです。前が極端に大きくて、後ろは人がひとり入れる穴が開いているだけです。八月一三日、出撃命令が出ますが、発進命令はまだ下っていない状態で、島尾敏雄はそれを待ちます。一四日が過ぎ、そして一五日に終戦を迎えます。一三、一四、一五日と、その間にもし出航したら確実に死ぬ、それを待ち続ける、という体験をするわけです。

島尾は着任したとき、押角の村長の家に挨拶へ行くのですが、村長の娘が接待します。結果を申し上げると、島尾敏雄はのちに村長の娘と結婚します。その娘は、沖縄で神に近い人を意味する神高い人で、それが夫婦や家庭にさまざまな問題を引き起こします。それを描いた小説が『死の棘』です。読んでいて痛々しい感じさえする作品になっています。

島尾がそのような特異な体験を通して考えたことは、日本はひとつではないということ、そしてそのもうひとつの日本についてです。九州から関東までの都を中心とした一元的な空間とはまったく異なる、東北と琉球弧という異端の文化、それが「ヤポネシア」です。「ネシア」というのは島嶼のことで、「ヤポ」は日本、つまり島々からなる日本を考えたのです。

この考えは多くの人々にたいへんな衝撃を与え、谷川さんも「ヤポネシア」とは何か、について考えます。南の島々からなる琉球と東北というのは、まったく違う時間、空間としてとらえ直さなければならない、多様な時間、多様な空間としてとらえ直すべきだ、と考えたわけです。それが、前に触れた『沖縄　辺境の時間と空間』というタイトルにこめられた意味だと考えられるのです。日本というのは島々から成り立っていて、一元化された空間ではなく、もっと多様な文化として見えてくる、谷川さんは、そのようなことを島尾が提唱した「ヤポネシア」を継承し展開して述べています。

皆さんは、奄美大島は鹿児島県だということはご存知だと思いますが、沖縄本島、宮古、そして八重山もそれぞれ文化が違っています。奄美、沖縄、宮古、八重山の四つの地域がひとつになって琉球王国なのです。琉球王国は多様な時間、多様な空間から成り立っているというわけです。琉球王国には首里に国王がいました。宮古島は琉球国王に支配される側でした。奄美も八重山もそうですが、それぞれの島の間には、支配の力にも差がありました。全体が統一されたのは西暦一五〇〇年ですが、島々からなる南西諸島ゆえに、統一以前も以後も地域独自の文化を保持することができたのです。

宮古島の神とまれびと論

　ところで、谷川さんはなぜ宮古島に注目するようになったのでしょうか。一つには、宮古島が琉球王国に征服されたという歴史をもっていないからです。八重山はちょうど一五〇〇年、尚真王の時代に軍事力で征服されました。一方、宮古島は仲宗根豊見親という首長がいて、すぐに恭順の意を示して琉球王府の軍に加わりました。ですから、宮古島には特に古い文化が残ったのです。古くからの祭祀、古い神歌が残ったわけです。宮古島は反乱を起こさなかったので、上から力で支配されるということはありませんでした。沖縄は海によって隔てられていますので、軍事力を差し向けて直接支配するということがなかなかできなかったのです。ただ、八重山の場合はオヤケアカハチが反乱を起こしましたので、琉球王府は大船団を送って鎮圧したわけです。もちろん、そうは見ない意見もありますけれども。そうしたわけで、宮古島には古い祭祀や神歌という固有の文化が残りました。それゆえに琉球の古い歌、たとえば「おもろさうし」を相対化することもできたのです。つまり、宮古島は地方から首里の文化を比較考察することができる場所でもあります。

谷川さんの「「まれびと論」の破綻」という論文は『南島文学発生論』（一九九一年）に載っているものです。折口信夫は、日本の神のイメージを作る際に、八重山に調査に入り、そこで出会ったアカマタ・クロマタやマユンガナシという海の彼方からやって来る来訪神が神の原型であるというイメージを作ります。それが「まれびと」です。稀に訪れる神です。その神は、海彼の異郷、ニライカナイから時を定めてやってきては、村人にユー（世）を与えて帰っていきます。ユーというのが沖縄の民俗のキーワードで、世の中の「世」を当てるのですが、これは沖縄では豊穣、作物が豊かに実ることを意味します。また、あらゆる幸せ、幸福を指します。ですから、ユーというのはもっとも手に入れたいものなのです。祭祀はこのユーを中心に行います。「ユークイ（世乞い）」という豊年祭です。旧暦ですから時期は動くのですが、宮古島の西原や伊良部島の佐良浜などでは十月ごろに行われます。

　豊穣を与える神が海の彼方からやってくる来訪神だったということに折口は注目しました。まれびとは、ニライカナイという神々の原郷から時を定めてやって来て、村人にユーを与える、そして歓待されて帰っていきます。マユンガナシという古い祭祀も残っています。これは真世の神、つまり素晴らしいユーを与える神です。

マユンガナシの「かなし」という語は「悲し」とか「哀し」の意ではなく、『万葉集』の東歌に、

にほ鳥《どり》の葛飾早稲《かづしかわせ》をにへすともそのかなしきを外《と》に立てめやも

（14・三三八六）

とありますが、「そのかなしき」とはいとしい夫のことです。新嘗祭という新穀の収穫感謝祭には、まず家の女主人である家刀自が新穀を神に供え、祭らなければなりません。その神祭りのあいだ戸外にいなければならない夫に思いを寄せた歌です。「そのかなしきを外に立てめやも」の「かなし」とはいとしい人という意だったのです。この「かなし」という古代語はマユンガナシのカナシに通じます。いとしい人の意の「かなし」が神の名になっているというわけです。このあたりに南島の神観念が、神とのあいだに親近感がありつつ、同時に怖い存在でもあるという二面性をもつことが表れています。

私は二十数年間観察しているのですが、これが宮古島、八重山などの人々が信仰する神の姿だと思っています。親和と畏怖の両義的な存在です。マユンガナシはクバ笠をかぶり、蓑をつけて、二メートルほどもある長い棒を持って家々を訪れ、玄関の前で呪詞を唱えます。これが折口信夫のいう来訪神の呪言です。私はこの呪詞の意味がわからなかったので、横にいる竹富島出身の友人に尋ねると、作物の作り方を教えているというのです。作物は神授のものなのです。二人のマユンガナシが家の中に入ってくると、主人は酒を飲ませ、ありとあらゆるごちそうをふるまうのです。まさに「おもてなし」です。「おもてなし」というのは、こういう神を歓待するところに原義があるのかもしれません。神が喜び満足しなければ、ユーを授けてもらえないわけですから切実です。だから、ごちそうのかぎりを用意するのです。

マユンガナシの神はその際に言葉をいっさい発しません。「どうぞ、どうぞ」と主人が言葉をかけると、マユンガナシは「ウフーン」と応じます。主人はそれに対して「オー」と返します。しばらく「ウフーン」と「オー」の掛け合いが続きます。なぜ掛け声だけかというと、神が人間の言葉を喋ってしまうと、人間になってしまうからです。ですから、顔もクバ笠と手ぬぐいで隠します。顔を見れば、曲がり角のタバコ屋のお兄さんであることが、あるいは市役所の職員かもしれませんが、とにかく村人とすぐわかってしまいますから、決して顔を見せません。それなら呪詞はどうかといいますと、普通の話し方ではなく、音を引いてうなるような唱えごとです。その発声の仕方が、おそらく神の声だという了解なのです。

折口は、大正一〇年に初めて八重山を訪れますが、残念ながら時期が合わずにこの祭りを見ていないのです。その後も実見することはできなかったようです。折口は聞き取りによってマユンガナシやアカマタ・クロマタという来訪神を知り、その来訪神、すなわちまれびと神に、神というものの原像を見たのです。来訪神の呪言から文学が誕生するというのが折口の文学発生論だったのです。

しかし、谷川さんは、来訪神の呪言から文学が発生するという折口の理論は、宮古島の狩俣には適用できないと反論しました。狩俣の夏祭りや冬祭りで呪言を発する神は、始祖神であって来訪神ではないというのです。狩俣の神は時を定めて来訪するのではなく、常在する始祖神だと指摘しています。天上界から訪れる、降臨する神が狩俣の始祖神であるというわけです。折口が宮古島を訪れたかどうかははっきりしないが、もし宮古島を研究していたら、その学説は変わっていただろう、あるいはもっと深いものになっていただろう、と谷川さんが話すのを聞いたことがあります。

これが「「まれびと論」の破綻」です。とても示唆に富む論文です。しかも、何度も宮古島に通った結果の見解です。ただ、この結論は、フィールドワークを積み重ねて出したものというよりは、宮古島の事例から神観念や文学発生の本質を鋭く見抜いて書かれたものです。ですから、狩俣の神や神歌の詳細な報告による証明を飛ばすようなところもあります。しかし、その証明を飛ばすようなところは、たぶんこれから後に続く研究者が埋めていくのだと思います。

複合的な世界観

谷川さんの「『まれびと論』の破綻」には随所に驚くべき指摘がちりばめられていますが、私は、この論に関しては谷川さんと少し違う意見をもっています。その違いについて、谷川さんと議論を交わさなかったことを残念に思います。

「狩俣の世界観図」という図を示したいと思います（次頁）。宮古島出身の本永清さんという研究者が作った図をもとに、私が聞き取りをして少し加えた部分があります。

まず天上界（テンヤ・ウイヤ）は神々の世界です。谷川さんがおっしゃるとおり、神々が人間の世界に降りてきます。では、神々が地上界（ナカズマまたはミャーク）に降りてきてどこに祀られるかというと、イズヌヤマ・フンムイという神聖な丘・森です。つまり、テンヤ・ウイヤとイズヌヤマ・フンムイは転置可能なのです。狩俣の祖先神で最高位にあるのは、ンマティダ（母なる太陽）という太陽神とその娘のヤマヌフシライという山の神です。ここまでは谷川説のとおりです。

本永清→p.19

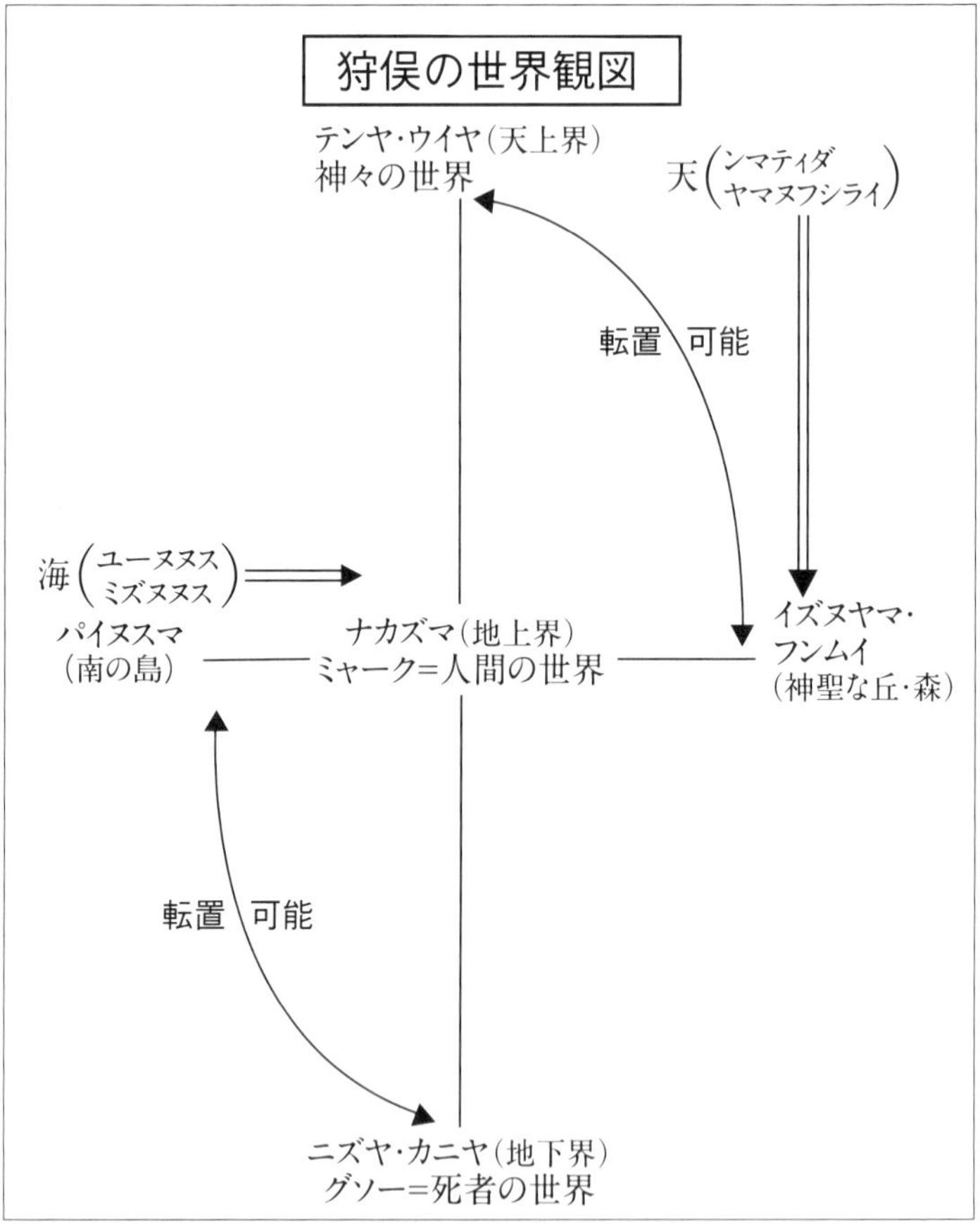

本永清「三分観の一考察―平良市狩俣の事例―」（『琉大史学』4、1973 年 6 月）により作図

では、人間世界で死ぬとどこへ行くかというと、ニズヤ・カニヤという地下にある死者の世界です。ニズヤ・カニヤとはグソーまたはグショウともいって、死後の世界です。それは地下にあると考えられています。ところが、墓はパイヌスマ（南の島）という南の海岸にあります。本来そこには墓を建てたのではなくて、風葬墓があったのです。ガマと呼ばれる洞窟が遺体を安置する場所だったのですが、後に墓を建てるようになりました。墓といっても私たちがイメージするようなものではなくて、亀甲墓・門中墓です。沖縄でよく見られる、なだらかなカーブの屋根がついた墓です。

ところが、このパイヌスマは海に面していますので、聖地でもあります。神が上陸し、村を創始したという神話が残っています。ですから、ニズヤ・カニヤはパイヌスマと転置可能なのです。つまり、両者は重なり合うのですが、同時に神が海から訪れたという神話があります。漂着来訪神です。漂着来訪神は狩俣の神として世界観の図に位置づけられます。そうすると、狩俣の始祖神は、天上界から降りてくる降臨神と海の彼方からやってくる来訪神が複合的に存在することになります。

この「複合的」というのは、天上界から降りてくる神という垂直的な世界観だけではなくて、海の彼方のニライカナイから来訪する神という水平的な世界観も組み合わさっているという意味です。単純に垂直的な世界観だけよりも、むしろ複合的な世界観の方が古いのではないかと考えられます。日本古代の古事記神話でもスクナヒコナの神は海の彼方の常世国から船に乗ってやってきます。ですから、古代神話には垂直的な世界観ももちろんありますが、同時に水平的な世界観もまた組み込まれているのです。それが古層の世界観なのだと思います。このあたりの問題は「「まれびと論」の破綻」での谷川さんの論を検証しながら、今後の課題として深められていくことが必要だと考えています。

宮古島の神と森を考える

谷川さんの著書に『沖縄　その危機と神々』（講談社学術文庫）という本があるのですが、その中に「宮古島の神と森を考える」という文章があります。一九九四年に産経新聞に掲載されたのが初出です。この文章を書いたきっかけは宮古島で地元新聞を読んでいて、森林が激減している事実を知ったことでした。谷川さんは、宮古島の森がいずれ消滅するのではないかと、危機感をもって書いています。それは単純に環境破壊などという問題意識ではなかったのです。

それはなぜかというと、宮古方言でムイは森を意味しますが、それはそのまま聖地になっていて、神を祀る場所だからです。森が聖地であることは、宮古島だけではなく、奄美沖縄全体に見られます。神社のような建物がなく、イビといって石と香炉があるだけの場所を、森がすっぽりと囲んで小宇宙のようになっています。それを宮古島の場合はムトゥ（元）とかウタキ（御嶽）といいます。八重山のオンにあたります。ウタキの呼称は『御嶽由来記』（一七〇五年）によるといわれていますが、御嶽の数は宮古島だけでも九〇〇を超えるそうです。森がなくなるということは御嶽がなくなるということです。御嶽がなくなるということは神がそこに祀られなくなる、神が祀られないということは神歌がうたわれなくなるということを意味します。谷川さんはそこに危機感をもったわけです。

そこで、一九九四年に「宮古島の神と森を考える会」を立ち上げ、祭祀の保存・継承、途絶えた祭祀があれば復活させるという活動を、谷川さんが二〇年間会長を務めて続けてきました。亡くなる三年ほど前に、谷川さんは、足腰が弱って宮古島へ通うことができなくなり、誰か引き継いでくれないかということで、私に話が回ってきました。考えた末に引き受けることにしました。毎年、宮古島で十一月にシンポジウムを開くなど、祭祀の保存・継承・復活のための活動を地元の人たちと協力して続けています。谷川さんが始めた「宮古島の神と森を考える会」は、森が神そのものであり、聖地であるとする認識が原点になっているわけです。

少し話題を変えて、谷川さんと調査したときのエピソードを一つ、話したいと思います。池間島で谷川さんが**前泊徳正**さんという伝承者のところに連れて行ってくれたことがありました。ユークイの民俗のことなどを聞いたのですが、詳しいことはあまり覚えていません。私は、関心を持って

前泊徳正
まえどまり・とくせい。一九一〇—一九八。郷土史家。著書に『池間島の民謡』。

いた、樹木に化生する娘の神話を聞いたように思います。神話と言っても長大な叙事歌で、前泊さんはその伝承者だったのです。谷川さんはけっして急がない話し方なのですが、次から次へと聞いていきます。私は録音しながら懸命にメモをとっていたのですが、谷川さんはまったくメモをとりません。聞くことのポイントがはっきりしていて、自分の考えが整理されているのだと思います。これにはとても驚きました。谷川さんの膨大な著書や筆力の秘密に触れたように思いました。

宮古島では亡くなった人がいると、池間島の大きな岩のところにその霊魂が集まってきて、そこから天に昇っていくという場所があるということを谷川さんが教えてくれて、その時、何人かでその岩を探しに行ったのですが、どうしてもわからなかったことを覚えています。

宮古島には独特の神観念や霊魂観があります。聞く相手によって答え方が違うため、私にもまだ十分にわかっていないことがあるのですが、ツヅヌカンとマウガンという、必ず人がもっている神が存在します。ツヅヌカンは頭《つづ》につく神で守護神・指導神であり、マウガンは個人を守護する神で、御嶽の神や先祖神のことですが、地域によって異なる場合もあります。谷川さんは宮古島独特のこの神観念に注目し、解明しようとしていました。

一族の神はいま申し上げた御嶽に祀ってあります。森の減少は家の祭祀も衰えていくということになりますから、谷川さんはたいへんな危機感をもったわけです。

柳田國男と折口信夫

話題が広がりすぎたようです。「魂の還る処」の話に少しずつ近づいていかなければなりません。民俗学の学問体系を確立したのは柳田國男であることは間違いありません。また、柳田とともに民俗学を発展させた人物として折口信夫が挙げられます。柳田國男は明治四二年から四三年にかけて三冊の本を出し、その中でも『遠野物語』は民俗学の誕生にとって重要な意味をもちました。

柳田は、**佐々木喜善**という岩手県の遠野から早稲田大学に入学し、小説家を目ざしていた若き青年を、小説家の**水野葉舟**から紹介されました。柳田はその佐々木から話を聞いて『遠野物語』を書くわけです。序文において、柳田は「一字一句をも加減せず」書いたといっています。でも、佐々木は東北弁で語ったはずですが、その文章は全然東北弁ではないわけです。たいへんな美文、かつ古風な文体であり、柳田の文章なのです。

『遠野物語』に「サムトの婆」という話があります。その女の人は、子供のころ突然いなくなり、三〇年あまり経って家に帰ってくるのです。どう

佐々木喜善
ささき・きぜん。一八八六―一九三三。民俗学者、作家、文学研究者。昔話の収集に大きな業績を残し、日本の民俗学、口承文学研究に貢献した。著書に『紫波郡昔話』『遠野手帖』。

水野葉舟
みずの・ようしゅう。一八八三―一九四七。詩人、歌人、小説家。怪談・怪異譚の収集、心霊研究に熱中した。著書に『あらぎ』『悪夢』。

して帰ってきたのかと尋ねると、みんなに会いたかったからだと言い、再びいなくなります。その日は風が強かったそうです。遠野の人々は、風の強い日には「けふはサムトの婆が帰つて来さうな日なり」と話すのだと柳田は書いています。

小説家の**藤沢周平**はこの話にたいへん感動しています。人間の運命、人間とは何か、が書いてあるというのです。小説家ですから、何か感じるところがあるのでしょう。私は何度も読みましたが、不思議な神隠しの話として理解するだけで、藤沢周平のようには受け止めてきませんでした。『遠野物語』は小説家が読むと小説にもなるのでしょう。

『遠野物語』は民俗学が確立する初期にあたるものです。それに『石神問答』『後狩詞記《のちのかりことばのき》』を合わせた三冊が民俗学の出発点になります。また、柳田は昭和二一年に『先祖の話』を書いていますが、この二一年という年が大事です。折口は昭和二七年に「民族史観における他界観念」を書き、古代から近世までの他界観念の変遷を追究しました。他界観念、魂は他界へ行くのですが、他界とは何かという問題を探ったものです。柳田が『先祖の話』を書いた昭和二一年とは、終戦の翌年であって、戦地で多くの人々が亡くなりました。そのような時期に、魂はどこへ行くのかと、民俗

藤沢周平
ふじさわ・しゅうへい。一九二七—九七。小説家。簡潔な文体で新しい時代小説家の地位を築いた。著書に『孤剣 用心棒日月抄』『たそがれ清兵衛』。

学の二大学者は考えざるを得なかったのです。

折口は、養子であった**折口春洋**を硫黄島で亡くしていますので、少しあいだはあいていますが、おそらくその間も考え続けていたのでしょう。「民族史観における他界観念」は短いですが、古代から近世までたどっているのでかなり難しい論文です。

結論からいいますと、人間の魂は村の近くの山にこもると柳田は考えました。話は変わりますが、最近、東日本大震災で甚大な被害を受けた石巻市の雄勝町を訪れました。ここには法印神楽という民俗芸能があります。法印というのは山伏のことですから、山伏神楽のことで、神話をドラマにしています。この雄勝の神楽は葉山神社に奉納されます。ところが、由緒書を見ると、磯《いその》神社と葉山神社が並べて書いてあります。おかしいなと思い、宮司さんに尋ねると、磯神社は奥宮で、石峰山の山頂に磐座があって、そこがご神体になっているのだそうです。葉山神社は人里に近い山の中腹に立っています。ハヤマとは端の山という意味で、集落に近い山のことです。柳田は、集落に近い山に亡くなった魂は鎮まり、村を一望できる山から見守っているのだ、という神観念を「魂の行くえ」（昭和二四年）で書いています。仮に遠くの地で亡くなっても、故郷の山に帰ってきて祖

折口春洋
おりくち・はるみ。一九〇七—四五。国文学者。

霊になるという考え方です。また、『先祖の話』の最後に、戦死した若者を疎外しておくわけにはいかないとも書いています。折口の場合は、「民族史観における他界観念」で、魂の還る場所は海彼であったり、山中であったり、それは時代によって変わると述べています。柳田と折口が重要視した魂の還る場所の問題は、谷川さんにとっても最後の大きなテーマでした。

「あかるい／明るい冥府」

私が不思議だと思ったのは、ふたつの冥府論のことです。谷川さんは「あかるい（明るい）冥府」という論文を二度書いているのです。最初のものは、『南島論序説』（講談社学術文庫）に収められているのですが、「あかるい冥府――琉球の他界観」という副題がついています。第二は、亡くなる一年前の二〇一二年に出版された『日本人の魂のゆくえ』（冨山房インターナショナル）に終章として書かれた「明るい冥府」です。漢字を当てるか、ひらがなかの違いだけで、同じタイトルなので、おかしいと思っていました。ところが、読んでみると、内容は全然違うのです。一九八七年の方は論文調の文章です。少し長くなりますが、一部を引用してみます。

人間の世界と、神＝祖霊＝死者の世界とがたえず往復しているという思想が、南島人の死生観のもっとも根本によこたわっているかぎり、それは現世の苦しみをそのまま来世まで引きずってゆくというペシミスティックなものではなく、むしろ祖霊＝神のあたたかいまなざしの下に生きてゆく力を与えるものにちがいなかった。そうした冥府がけっして暗いはずではありえなかった。神＝祖霊が海彼のニライ島に住んでおり、そこと人間の島とのつながりが目にみえないきずなでしっかりむすばれているという考えは、大きなはげましを与えるものであった。
（「あかるい冥府――琉球の他界観」『南島論序説』、講談社学術文庫、一九八七年）

これは、何をいおうとしているのか。例えば、日本の神話において、イザナミの神は火の神、軻遇突智《かぐつち》を産んだためにお腹が焼けただれて死に、黄泉国《よもつくに》に隠れてしまいます。夫であるイザナギの神は、まだ夫婦で国を生んだり、神を生んだりしなくてはいけないと追いかけます。早く帰ってほしいというわけです。古代神話では、生者と死者は会える距離にいるわけです。

それで、黄泉国とはどんな国かというと、イザナギは竹でできた櫛を折ったものに火をつけ、その明かりで見るわけです。ということは、真っ暗だったということです。黄泉国とは暗いイメージなのです。折口信夫は常世《とこよ》を「常夜往く」のイメージでとらえています。もともと常世とは闇で、常夜の意味だったというわけです。そういう暗黒の世界というイメージに対して、南島の冥府というのはどこまでも明るく、人間の世界と神＝祖霊＝死者の世界が強い絆で結ばれているというのが谷川さんの考えでした。それが「あかるい冥府」における谷川さんの結論なのです。

柳田國男の『海上の道』についても重要な指摘をしています。『海上の道』は柳田が亡くなる前の年の昭和三六年に出版されています。

柳田の『海上の道』は日本人の祖先がどこからきたかをつきとめようとしたのだと一般に受けとられているが、私は柳田がその死の直前に、死後のたましいのゆくえについて考察をめぐらしたものだと考えている。柳田はなんとしてもニライ（常世）と現世とをつなぐ海上の道の問題を彼なりに解決しておきたかったのである。

（同）

柳田の『海上の道』は、日本人の祖先と稲作一元論の学説を述べるために書かれたと私も含めて一般の人は考えていますが、谷川さんはそうではないというのです。魂の行方について述べようとしたのだ、と。「海上の道」のとらえ方がまったく違うのです。これには意表を突かれました。でも、谷川さんらしい鋭い見方だと納得させられます。これは、谷川さんが早くから日本人の魂の行方を深く考えていたからできた指摘だと思います。実は、柳田と同様、谷川さんも亡くなる前年にこのテーマについて本をまとめているのです。

その本とは、前に触れたように、二〇一二年に出版された『日本人の魂のゆくえ』です。その終章に「明るい冥府」をもう一度書いているのです。少し引用します。

死者たちはヒシの彼方の世界で、生の苦患から解放され、しばらく休息しているが、やがてこの世に再生する。死者の世界は薄暮のひかりにひたされていて、暗黒ではない。「明るい冥府」である。
(「明るい冥府」『日本人の魂のゆくえ』、冨山房インターナショナル、二〇一二年)

一度目はいかにも学問的な文章ですが、二〇一二年の二度目の「明るい冥府」は、まるで詩人が書いているような感覚的で美しい文章になっていて、温かいまなざしでヒシをとらえています。たぶんこれは、自らの行く末を重ねているのだと思います。それほど長く生きられないということは、谷川さんにはわかっていたでしょうし、最後に「魂のゆくえ」をまとめなければならないという思いに衝き動かされていたのです。それが、自分の生と死に重ねて「明るい冥府」をもう一度書くという作業だったのだと思います。

それに続いて、今日の話のタイトルに選んだ『魂の還る処』（アーツアンドクラフツ）という本が出版されます。二〇一三年、谷川さんが亡くなった年です。

魂はどこへ還っていくのか

谷川さんは八月に他界されるのですが、実は三ヶ月ほど前に、谷川さんから私のところに突然電話がかかってきました。谷川さんはいつも突然なのです。たまたま私は家にいて、ゆっくり話をしました。お互いに近況を話した後、「宮古島に林を作るにはどうしたらいいか」という話題になりました。先ほど申しましたように森は神を祀る場所であり、聖地そのものなのです。谷川さんはそれを再生したい、というのです。生態学者の**宮脇昭**の名が出てきたことを記憶しています。その話の後に、「いま本を書いていて、まもなくできるからあなたのところにも送るよ」と言って話が終わったように思います。

そして、送られてきたのが『魂の還る処』でした。そういえば、「魂のことを考えているんだよ」とも話していました。この本は『日本人の魂のゆくえ』に続く、最晩年の著作になるわけです。『魂の還る処』には新たに書いた序文がついています。内容は谷川さんがかつて書いた魂の論のほか、柳田の、なぜか『先祖の話』ではなくて、根の国の話とか他界論を載

宮脇昭
みやわき・あきら。一九二八―　。生態学者。国内外で、「混植・密植型植樹」を提唱、「宮脇方式」といわれる方法で、植樹活動を精力的に展開する。著書に『植物と人間　生物社会のバランス』『森よ生き返れ』。

せています。それから折口の「民族史観における他界観念」などです。全部ではなくて抄出なのですが、それを一冊にしたものです。

その序文を見ると、こんなふうに書かれています。


沖縄では干瀬《ひし》と呼ばれているこの珊瑚礁によって彼方と此方は二分されている。干瀬の此方はイノーと呼ばれる碧玉色の浅い海であるが、干瀬の彼方は青黒い波がうねる外海である。そこは昔の島びとにとっては日常と縁のない他界であった。

日常の海であるイノーと干瀬の彼方の他界とを一望に収めることのできる沖縄の風景に接すると、亡き妣《はは》たちの在《いま》す海彼《かいひ》の島が間近かに思われ、時を忘れるのが常であった。

（『魂の還る処』、アーツアンドクラフツ、二〇一三年）


この「亡き妣」の妣という字は、亡くなった母という意味です。亡くなった母たち、自分の母、そしてその母たちがいる海彼の島が身近に感じられるのです。時を忘れて、ずっと海を見ながら佇んでいるという。これを読んで、私は、大正九年に書かれた折口の「妣が国へ・常世へ」という文章を思い出しました。

妣という字を使った折口は、別に妣の国が海の彼方にあるということを証明したわけではありません。海が見えるところに立って、妣の国は海の彼方にあるのだと実感したと書いています。その場所は最近、伊勢志摩サミットで話題になっていますが、志摩半島の一つの大王崎です。そこには大きな灯台があるのですが、その先には伊勢湾が広がっています。もちろん、折口がそこに立ったときにはあんな大きな灯台はなかったはずです。岬の突端に立ったとき、この先に妣が国があるかもしれないという思いにとらわれた、そしてその思いはずっと離れなかった、というふうに書いているのですが、その文章を思い出したのです。

海の彼方に明るい冥府がある、それは亡き妣たちがいる海彼の島である。これが、谷川さんが二〇一三年の最晩年に、最終的に至りついた魂の還る処のイメージだったのです。

『日本人の魂のゆくえ』の序章には、「この世の渚　常世の渚」という章題がついています。「渚」がキーワードなのです。先ほど、天津《あまつ》日《ひ》高《たか》日子《ひこ》波限《なぎさ》建《たけ》鵜《う》葺草《がや》葺不合《ふきあえず》命《のみこと》の話をしましたが、その渚です。序章ではこのように述べています。

渚は陸とも海とも見分けのつかない不思議な境界である。それゆえに、かつては現世と他界とをつなぐ接点とみられ、そこに墓地も産屋も設けられた。

海からの来訪神や死者の魂を送り迎える儀礼の場所が渚であった。海の彼方から寄りくるものへの切実な期待と畏怖の情は、日本人の心理の底深く宿っている。

（中略）

渚に立ってまなざしを海の彼方にそそぐときの解放感は何ものにも替えがたい。

私は幾十年も前から沖縄の旅をくりかえすなかで年老いて今日にいたっているが、いつしか私の心のうちに、どこか先島の離島の人気のない渚で、生き倒れのような格好で死にたいという願望がひそかに芽生えてくるのを感じるようになった。さりとて先島を一介の旅人として通り過ぎる私に、そのような至福が訪れることが困難であることは百も承知である。そこで、これは今のところ「快い夢想」として胸に蔵《しま》っておくよりほかに致し方なさそうである。渚に死にたいという他愛ない幻夢を道連れとして、私は今日も海の微風をまともに受け、潮騒を聞きながら、渚を歩くのである。

肉は悲し書は読み終へぬみんなみの離《ばな》りの島の渚に死なむ
みんなみの離《ばな》りの島の真白砂《ましらご》にわがまじる日は燃えよ花礁《はなぜ》も
（「この世の渚 常世の渚」『日本人の魂のゆくえ』）

渚は現世と他界との接点という古代的感性や民俗的心性に目を向け、できないと思うけれど、できるならば先島の離島の渚で死にたいというのです。谷川さんは先島、特に宮古島を深く好んだ方です。先島の離島の渚は自らの魂の還る処だったわけです。自らの死に対する詩的な感性は二つの「明るい冥府」論から『魂の還る処』に至る思考の最後に用意される到達点だったことを、私たちはこの文章によって知ることになります。

序章の最後に置かれた二首の歌は、その詩的な感性を表現しています。一首目は、いま申し上げた、渚で死にたいという願望をうたっています。二首目は、離れ小島の渚で私が死ぬときは、珊瑚礁よ、花のように燃えて出迎えてくれという歌です。「明るい冥府」の論が谷川さん自身の生と死に重なり、その心情がうたわれているのです。谷川さんにおいては、民俗学と短歌が見事に一体化しているというほかありません。

谷川民俗学はあまりに高く、あまりに広く、とてもひとことでまとめることなどできないのですが、柳田、折口の民俗学を批判的に継承しつつ、在野の民俗学を確立していったことは間違いありません。その中核にあったのは、沖縄から宮古島への思考の展開であって、宮古島の存在はとても大きいわけです。九〇歳を過ぎてからの二〇一二年から二〇一三年にかけての仕事として、離《ばな》りの島の渚こそが魂の還る処であるというイメージを書き続けていました。そのころ、谷川さんが言っていた「私に見えている冥府は明るいんだよ」という言葉は、いまも印象深く私の心に残っています。

いま「花礁」の歌を取り上げましたが、谷川さんが揮毫したその歌の歌碑が宮古島に立てられていることを紹介して、谷川さんとの対話をそろそろ終わりにしたいと思います。その歌碑は、谷川さんと親交のあった**佐渡山安公**さんの尽力で、宮古島市上野にある佐渡山さんの敷地の高台に建っています。歌碑のそばに立つと、広大な青い海が望まれ、小さな離りの島と白い砂浜がまるでこの世の風景ではないかのごとくに立ちあがってくる

谷川健一の歌碑（撮影＝居駒永幸）

佐渡山安公　さどやま・あんこう。一九四九—。陶芸家、宮古伝承文化研究センター所長。著書に『ぴるます話』。

ことを申し上げ、私の話を終わりにしたいと思います。

第3章

石原莞爾から宮沢賢治へ

古層をめぐって

岩野卓司

石原莞爾と宮沢賢治

今日のお話には、「**石原莞爾**から**宮沢賢治**へ——古層をめぐって」というタイトルをつけてみました。

まず、なぜ石原莞爾と宮沢賢治なのか。ふつうに考えると、この二人はまったく対極的といっていい存在ですよね。石原莞爾は軍人です。今日では関東軍の参謀として有名で、満州事変の首謀者といわれています。一方、宮沢賢治は詩人で童話作家。軍人とは程遠い人です。

ただ、この二人には共通点もいくつかあります。どういう点かといいますと、まず、東北人であること。石原は山形で、宮沢は岩手出身です。それから二人は日蓮宗の信徒で、在家の団体である国柱会の会員でした。宮沢も石原も一九二〇年（大正九年）に入会しています。

しかも、ただ入会しただけではなく、二人とも**日蓮**の教えに基づいて平和な世界を強く求め続けています。彼らは二人ともユートピア志向が強く、石原の方は満州に「王道楽土」というユートピアを求め、宮沢はイーハトヴという理想郷を創作し作品の中で表現しました。

石原莞爾
いしはら・かんじ。一八八九—一九四九。陸軍軍人。関東軍作戦参謀として、満州事変を成功させたが、後に東條英機と対立、戦後の戦犯指定を免れた。著作に『最終戦争論』『人類後史への出発』。

宮沢賢治
みやざわ・けんじ。一八九六—一九三三。詩人、童話作家。花巻で農業指導者として活動しつつ、独自の宇宙観・世界観による詩や童話を創作した。作品に『銀河鉄道の夜』『風の又三郎』。
→p.177

日蓮
にちれん。一二二二—八二。僧。日蓮宗の開祖。他宗派を公然と非難し、正法である法華経を中心とすれば国家も国民も安泰となるとする「立正安国論」を唱えた。

この点と、講座の全体的なテーマである「日本人の魂の古層」とがどう関わってくるのかについて、今日はお話ししていきたいと思います。

国柱会とは何か

石原莞爾と宮沢賢治、この両方を語る上で欠かせない、二人にものすごく影響を与えている人がいます。それは**田中智学**という人物です。智学は、「国柱会」という日蓮系の在家の組織を作った人です。まず最初にこの国柱会について説明して、その次に石原莞爾、それから宮沢賢治のお話に進んでいきましょう。

明治時代に入って、仏教のあり方が全体的に変わってくる時期がありま す。ご存知のように、明治政府は天皇を中心にした国家体制を整えて神道を国の宗教の中核に据えました。いわゆる国家神道です。そうなると行き過ぎたナショナリズムから、日本人にとって必要なのは神道だけで、仏教はもともと外来宗教でよけいなものだという考えが出てきます。これがエスカレートして、僧侶を迫害したり寺社仏閣を破壊したりする民衆運動が盛り上がってきます。これが、一八七〇年ごろに生じた廃仏棄釈という運動です。

廃仏棄釈でかなり被害を受けた仏教界では、自分たちが生き残るために

田中智学
たなか・ちがく。一八六一―一九三九。宗教家。国柱会を結成し、日蓮主義運動を展開した。本名・田中巴之助名義の著書に『日本国体の研究』。

はどうすればいいのか、思案を巡らせます。それまでは江戸幕府の体制に乗っかって檀家の葬式をあげていれば、お寺は保護されていて安泰だったわけです。ところが、今度は新しくできた近代の天皇制とどう関係をもっていくかを考えなければならなくなったのです。この時代から、仏教は、天皇制と親和的になっていく宗派が多くなってきます。もちろんすべてではありませんが。

もうひとつ、日蓮宗自身の問題があります。これもご存知のとおり、伝記によれば、日蓮は非常に戦闘的ですよね。幕府のおひざ下の鎌倉で布教しながら、浄土宗や禅宗を信じていたら天変地異が起こって外敵が攻めてくると力説したから、他の宗派の信徒たちが怒りだして迫害を始めたのです。彼も殺されそうになったり佐渡島に流されたりと、大変な目に遭っています。

日蓮はこのように大変戦闘的な人でしたが、それ以降の日蓮宗もなかなか戦闘的でした。室町時代には京都で勢力を誇り、一向宗の寺を焼き払ったり、延暦寺と対立し逆に焼き討ちにあったりしました。その後も、織田信長や徳川家康によって弾圧されたりもしました。仏教では教義にかかわる宗教論争のことを法論と呼びます。日蓮宗は法論が得意で他の宗派に論戦を挑んでいきます。信長や家康はこれを逆手にとって、法論での勝負で故意に「日蓮宗の負け」と判定して、厄介な日蓮宗の僧侶を処罰したりしたのです。

徳川時代も初期のころは、日蓮宗も幕府の批判をしたのですが、だんだんお葬式仏教のようなかたちで、幕府の秩序の中に取り込まれていき、「温和な日蓮宗」になっていきます。これが明治の初めまでずっと続いていました。

田中智学は、こういった堕落した仏教のあり方を批判するところから出発します。そのときに問題になる概念が、「摂受《しょうじゅ》」と「折伏《しゃくぶく》」です。

「摂受」というのは、他の意見を持っている人たちに対して、その意見をすぐに否定するのではなく、むしろ受け入れながら、穏やかに議論を進めて説得していくという、たいへん穏健なものです。逆に「折伏」は、相手の意見をいっさい認めず、こちらの意見をがんがんぶつけて論破し、相手を改宗させることです。相手の悪を徹底的に打ち砕いて、迷いをさまさせるというもので、非常に攻撃的です。「折伏」は、**創価学会**なんかにも引き継がれていき、戦後の「**折伏大行進**」の運動などにも見られます。日蓮自身は、お釈迦様が死んでずいぶんと時間が経っており、すでに末法の世

創価学会
一九三〇年に牧口常三郎によって創設された日蓮宗系の在家の団体。公明党の支持母体。高度経済成長期に末端労働者・中小零細業者を中心に教団も大きくなり、現在八〇〇万人以上の会員がいる。

折伏大行進
創価学会第二次会長の戸田城聖のもとで一九五〇年代に行われた信者獲得運動。

になって悪がはびこっているから、「摂受」ではなまぬるく、「折伏」によって説得しなければいけないといっていました。

田中智学は、江戸以来妥協的になっていた日蓮宗を、その本来の性格へと戻そうとしたわけです。これが国柱会の前身である蓮華会とか立正安国会といった組織を彼が作っていった理由です。智学は、折伏主義の立場をとることで、日蓮の教えに帰依しないものを論破して改宗させようとしたのです。

ただし、折伏は基本的には言論の次元でのものであり、相手を論破し説得する方法なんですけれど、これがエスカレートすると、武力でもいいから、相手を攻撃してやっつけて、日蓮が奉じる法華経の真理を広めなければならないという考え方に向かっていきます。これについては、後で説明しましょう。

田中智学の「八紘一宇」

田中智学は、最初はこの折伏主義を唱えていましたが、日露戦争の前後から、天皇制について考えはじめます。ナショナリズムの影響を強く受けて、天皇制と日蓮の教えをドッキングさせようとしたんですね。天下国家のための宗門、つまり国のための宗教ということをいいはじめます。これは日蓮の中にもある発想ですね。もうひとつ、日本を中心とした世界の統一という考えも出てきます。

それから最後に、「天皇による国立戒壇」という考えがあります。僧侶という職業は誰でも勝手になれるのではなく、各宗派によってその資格が与えられるのですが、この制度を国家が運営すべきだというのが、「国立戒壇」の考えです。戦後、創価学会も一時「国立戒壇」の考えを打ち出しますが、政教分離の視点から批判され、現在では取り下げています。戦前の智学の場合は政教一致ですから、天皇が僧侶の資格を与える「国立戒壇」にこそ日蓮の理想があると、考えています。

第一次世界大戦のころ、立正安国会は「国柱会」と名前を変えます。日蓮の教えの中の言葉「我日本の柱とならん」から智学が名づけたものです。主張としては、今ご説明したことの延長ですが、日蓮主義に加え、さらに国体論というのが出てきます。国体というのは国の形態のことですね。国体論というのは、基本的に戦前の右寄りの思想、いわゆるナショナリズムの思想を補強するものです。つまり、この場合、国体論というときには、基本的に日本の国体がいかに素晴らしいかをいうわけです。天照大御神の血を引く神武天皇以来の日本の天皇制が、いかに日本という国に適しているかということを延々と説明して、アメリカなんかは民主主義の国だけどこんなものは日本の制度には合わないと決めつけ、日本は天皇を中心とした、まあ神の国だというふうに説明するわけです。こういうかたちで、智学は国体論と日蓮主義を結びつけて、「法国冥合」とか「王仏冥合」という言葉のもとでナショナリズムや国粋主義を宗教的に正当化したのです。

こういった考えのもとで、彼は『日本書紀』の解釈の方に入っていきます。日蓮の遺した言葉に「一天四海皆帰妙法」というものがあります。「一天四海」とは世界のことです。世界が「皆帰妙法」、これは世界中がすべて「妙法」に帰するという意味で、つまり世界全体が法華経のもとに服するということをいっているのです。この「一天四海皆帰妙法」と、神武天皇が即位のときに宣言したという「**八紘一宇**」が結びついてくるのです。「八紘一宇」は、第二次大戦中の日本のスローガンにもなった言葉ですが、この言葉を造ったのは実は田中智学なんです。『日本書紀』の中に記されている「掩八紘而爲宇」を少し簡略化して「八紘一宇」という言葉にしたのです。それでは、「八紘一宇」とはどういう意味なのでしょうか。「八紘」というのは、八つの方位、つまり世界のことで、「一宇」はひとつの屋根、つまり、世界がひとつ屋根の下でいっしょになっている、という意味です。神武天皇は大和王朝を作って日本を統一しましたが、世界統一まではしていない。しかし、即位の際に「八紘一宇」を語ることによって、「世界の統一」を目ざすことを宣言したと解釈されます。**神武天皇の「世界統一」宣言**と日蓮の教えをドッキングさせるわけです。つまり、神武天皇がやろうとした「世界の統一」は日蓮と法華経が述べていた真理であり、日蓮の理想はすでに神武天皇が目ざしていたことなんだ、ふたつは同じものなんだ、というわけです。

ここに出てくるのは、要するにナショナリズムの発想ですね。法華経の使命を担っているのは日本である、日本を中心として世界を統一しよう、こういう発想です。智学の意図が世界の思想や道徳の統一にあり、日本の

八紘一宇

「神武天皇の世界統一は「八紘一宇」といふこと、、「六郷一都」といふことで言ひ現はされた、倶に天皇の宣言中にある命題だ、その所謂「八紘一宇」は世界統一であるが、それは版図的意味の統一ではない、むしろ其れよりも大きい固い明快な意味の統一である、人為的不自然的統一でない、天意に順ひ自然の法則に従つた、郷里にして永久性の統一である」

(田中智学『日本国体の研究』、天業民報社、一九二二年、六六〇頁)

神武天皇の「世界統一」宣言

「神武天皇の思召は、この正しき道を以て天の文化の國を地上に建設して、すべての人類の思想を統一しよう、人類の道徳を統一しようといふ為めに、「それは朕の心ではない、我が祖宗の神の心である。それを朕が継紹してこゝに國を建てるのである」といふのが、統一的国家である。／◉／その統一的国家の日本と、統一的宗教の法華経と

領土の拡張にはなかったとはいえ、日本を中心とした世界の統一ということですから、これはひとつ間違えると、侵略戦争の肯定にもつながりかねない考え方です。

　智学自身は宗教家として戦争を批判していますし、ある意味で平和主義者ともいえます。ただ、「世界の道義的な統一」という大義のためには、武力も肯定するのです。国柱会が満州事変を支持していたのも、こういった考えからです。彼はこの武力の行使が侵略のためのものではないといっていますが、彼の考え方には、今日の視点からすると、やはり侵略戦争自体をも肯定する面があったのではないかと思います。

　この「八紘一宇」ですが、これは田中智学の『日本国体の研究』などに出ている言葉です。「本化宗学より見たる日本国体」という論文では、「世界を一軒の家としようといふのである。その八紘を一宇とするといふ天の事業の中心を設けるために」（四六頁）と書いてありますが、天皇を中心とした世界の統一ということをここから読みとることができるでしょう。

　一方で、日蓮の『開目抄』からは、「我日本の柱とならん、我日本の眼目とならん、我日本の大船とならん」という文句が引かれています。これを智学がどう解釈するかというと、「日本といふものは世界の中心である。

> は、先天的に以上の如く感応因縁の素質がある。世界廣しと雖も斯ういふ規模を以て建ッた國花井。恰度統一的規模の宗教が弘丸べき國であるから、天照大神は、／『吾が子孫の王たるべきの地なり』／と宣ひ、大聖人は／『一閻浮第一の本尊この國に立つべき』（観心本尊鈔）／『我日本の柱とならん、我日本の眼目とならん、我日本の大船とならん』（開目鈔）／と言はれた」
>
> （田中智学「本化宗学より見たる日本国体」、『師子王全集教義篇』、師子王全集刊行会、一九三一年、四八頁）

だから日本の柱になって居れば、それで世界の柱になるのだ」（同、四八頁）というふうに説明するわけです。非常に強引な解釈ですが、ともかく、日本の中心が世界の中心になる、こういう考え方なんです。その結果、神武天皇の述べていることと、日蓮の語っていることは同じだ、すべて法華経の真理なんだというのが彼の解釈になるのです。

そういう発想が根本にあるので、彼にとって「日本の古層」は法華経の教えと同じであるということになります。天皇崇拝も「八紘一宇」の精神も、実際には近代の天皇制から『日本書紀』を解釈し直したものなのですが、それが彼にとってのひとつの古層であり、普遍的なものだったのではないでしょうか。

石原莞爾『最終戦争論』

この田中智学の思想を現実のものとしようとしたのが、石原莞爾です。ご存知の方もいらっしゃると思いますが、彼は昭和陸軍随一の鬼才と呼ばれるくらい優秀な人物です。石原は関東軍の参謀として満州事変のプランを作り実行するのですが、彼の立てた作戦は見事なものだといわれています。柳条湖で鉄道を爆破し、それを中国軍のせいにして兵を動員し電撃作戦を展開して、たちどころに満鉄沿線の主要都市を制圧していくのですが、途中で兵力が足りなくなると、朝鮮から兵を越境させて、満州全土を制圧します。不拡大方針を出していた若槻内閣にも撤回させるように圧力をか

満洲事変関係図
(小林英夫『〈満洲〉の歴史』講談社現代新書より作図)

けており、万事にわたって周到で計算しつくしたやり方をとっています。石原の伝記を書いた**福田和也**をはじめ、これを評価する人は現在もかなりいます。ただ逆にいうと、この満州事変を皮切りに日本は日中戦争、さらには太平洋戦争へと突き進んでいき、最後には無条件降伏にまで至ってしまった。彼がその原因を作ったともいえます。

石原莞爾は、いまご説明したとおり、満州事変の立案をしましたが、A級戦犯にはなっていません。A級戦犯として処刑されたのは、彼の上司であった**板垣征四郎**です。アメリカはひとつの事件で責任者をひとり罰すればいいと考えていたみたいで、彼自身は戦犯にはなっていない、そこがまた、彼の人気が保たれている理由のひとつになっています。

それから、石原は満州事変の成功の後、陸軍の参謀本部に呼び戻されて、二・二六事件の討伐軍の参謀をやったり、事件後の組閣に関わったりとかで、けっこう出世していきます。その後、陸軍の参謀本部作戦部長のときに、盧溝橋事件が生じ日中が戦闘状態になると、彼は不拡大方針を出すのですが、彼の下にいる者たちが「中国一撃論」、つまり中国は一発食らわせれば降伏するだろうという考えを唱えて戦線を拡大していったので、彼は責任をとって辞任します。これで石原は出世コースから完全に外れてし

福田和也
ふくだ・かずや。一九六〇—　。文芸評論家。幅広い分野での執筆活動を続けるほか、文芸誌『en-taxi』の編集にも携わった。著書に『奇妙な廃墟』『日本の家郷』。文中の「石原の伝記」は、『地ひらく—石原莞爾と昭和の夢』。

板垣征四郎
いたがき・せいしろう。一八八五—一九四八。陸軍軍人。関東軍高級参謀として石原莞爾とともに満州事変を決行し、戦後は東京裁判にて死刑判決を受け、処刑された。

まい、傷心の彼はその後満州に行くのですが、今度はそこで当時関東軍の参謀長だった**東條英機**と対立します。その因縁から結局、真珠湾攻撃の前に退役を余儀なくされ、アメリカとの戦争にいっさい関わることはありませんでした。

退役した後、『最終戦争論』などの著作を石原は執筆していきます。また、自分の信条のもとで東亜連盟という民間団体を作って昭和維新の活動をしていました。とはいえ、石原の執筆活動もこの団体も東條英機の監視下にあり、数々の妨害を受けたのです。人一倍の軍事的才能がありながら、東条ら陸軍首脳との確執からその地位を追われた悲運の名将ということで、石原人気はあるんでしょうね。彼のプランが実現していたら、日本人は違った歴史を生きていたかもしれないという期待とともに……。

またそれだけではなく、石原は当時からファンが多かったんですね。彼のファンの中で、右はたとえば**児玉誉士夫**という戦後の右翼の大物がいるかと思えば、左の方では**市川房枝**という婦人参政権運動の人が、石原莞爾の全集が発行されるときに推薦人に名前を連ねています。こんなふうに右からも左からも賛同者がいるというのが、彼の人間的魅力を示しているのでしょう。

東條英機
とうじょう・ひでき。一八八四―一九四八。陸軍軍人、政治家。関東軍参謀長・陸相を経て、一九四一年に首相となった。内相・陸相を兼任し、太平洋戦争開戦の最高責任者となり、戦後A級戦犯とされ、処刑された。

児玉誉士夫
こだま・よしお。一九一一―八四。右翼運動家。「政財界の黒幕」、「フィクサー」とも呼ばれたが、一九七六年にロッキード事件が明るみに出て蟄居に追い込まれた。著書に『われ敗れたり』『悪政・銃声・乱世』。

市川房枝
いちかわ・ふさえ。一八九三―一九八一。婦人運動家、政治家。戦前と戦後にわたって、日本の婦人参政権運動（婦人運動）を主導した。著書に『新しき政治と婦人の課題』『だいこんの花』。

さらにいえば、石原の魅力は、軍人であるとともに、ある種の思想家でもあったところにもあります。『最終戦争論』とか『戦争史大観』といった本を彼は書いていますが、満州事変のあった一九三一年当時、すでに最終戦争の構想を彼は抱いていました。

それはどういうものかというと、最終戦争、これは対米決戦だというんですね。田中智学も石原ほど具体的なかたちではありませんが最終戦争のことをいっています。ですから、この点はかなり智学の影響があるようにも思います。最終戦争と石原が語っているのはどういうものかというと、日本がまずは満州を領有し、その資源を利用してソ連のような五カ年計画を行い、工業化を推進し国力を蓄え、最終的に対米戦争を遂行し勝利する、というプランです。最終戦争に至るまで欧米列強やソ連などいろんな国がさまざまに戦っていきますが、その中で残るのはアメリカと日本のふたつであり、来るべき最終戦争では、日米が激突するというシナリオになっています。満州事変は、対米戦争に備えるべき第一歩というわけです。

田中智学は、世界の統一について道義的な統一という面を押し出しましたが、そのために武力を用いることを否定しませんでした。石原はこれを受け智学の思想を現実のものとするために、道義的な統一を武力によって実現しようとします。最終戦争とは、絶対的な平和な世界を実現するためのものなのです。

先ほどもいいましたように、石原莞爾は、ユートピア志向が非常に強い人です。満州国を作っても、そこを「王道楽土」と呼び、武力ではなく徳による統治の国だと考えていました。また、「五族協和」、つまり満州国のすべての民族、日本、中国、満州、朝鮮、蒙古の五つの民族が平等で協調しあうというスローガンを掲げて、それを実現しようとしました。ただ、そんなことは彼以外の人間はほとんど考えていません。多くの人は、満州国を日本の属国としか考えてないわけです。東條英機や**岸信介**は植民地経営と同じやり方で現実的に満州の開発を進めていきます。ところが、石原は、王道楽土だ、五族協和だ、といっているから、こういう人たちからは相手にされません。結局、彼は失脚していきます。しかし、石原莞爾は、アメリカ合衆国がイギリスから独立したように満州国を日本から独立させるというプランもあったりして、プランニングの人としてはなかなか優秀で面白い人だったんじゃないかと思います。

岸信介
きし・のぶすけ。一八九六―一九八七。A級戦犯被疑者として拘留されるも不起訴となり、政界に復帰、一九五七年に総理大臣に就任した。六〇年、国民的反対運動の中で新日米安保条約批准を強行し、直後に総辞職。

「最終戦争」とは何だったのか

もう少し「最終戦争」に関してご説明しましょう。

まず、なぜ最終戦争というものが起きるのでしょうか。石原の考えでは、これにはまず軍事上の理由があります。彼はヨーロッパの軍事史をよく研究していまして、ヨーロッパの軍事史を見ていると、必ず最終戦争になるだろうというのが、彼の考え方です。なぜヨーロッパなのかというと、当時もっとも軍事的に進んでいたという理由からです。

戦争の歴史を観察していくと、**決戦戦争と持久戦争の移り変わり**があるというのが石原の持論です。古代ギリシア・ローマの戦い方をご存知ですか。スパルタの重装歩兵のような重装備の歩兵や、騎馬隊が戦うのですが、基本的には、一回戦って、それが決戦で講和、というかたちなんです。長期戦になるとしても、決戦戦争の積み重ねです。一回ポンと戦って、はい、終わりっていうかたちのものの積み重ねが古代ギリシアです。中世は、いわばその中間段階、つまり、持久戦争への移行期です。

ルネッサンス・近世になってくると、戦いのやり方が完全に変わって持

決戦戦争と持久戦争の移り変わり

「戦争本来の真面目は決戦戦争であるべきですが、持久戦争となる事情については、単一でありません。これがために同じ時代でも、ある場合には決戦戦争が行なわれ、ある場合には持久戦争が行なわれることがあります。しかし両戦争に分かれる最大原因は時代的影響でありまして、軍事上から見た世界歴史は、決戦戦争の時代と持久戦争の時代を交互に現出して参りました」

（石原莞爾『最終戦争論』、中公文庫、二〇〇七年、一一頁）

久戦になります。戦いの中心は王様と貴族ですけど、なぜ持久戦になるかおわかりですか。王様は兵の目減りを恐れているのです。貴族は自分の部下ですよね。戦時では指揮官になり、平時では領主や官僚として働いてくれます。しかし、壮絶な決戦戦争をすると、たとえ戦いに勝利しても多くの部下が死んでしまう可能性があるので、これは嫌なんです。だから、できるだけ戦わないで、陽動作戦を使いながら、兵の目減りを少なく戦いたい。そうすると、当然持久戦になるわけです。この戦いを一番うまくこなしたのが、石原莞爾が尊敬しているプロイセンの**フリードリヒ大王**でした。うまく逃げたりしながら戦っていくわけです。

こういう持久戦争の時代が一二五年続くと、その後、再び決戦戦争の時代になると、石原はいいます。これはどうしてだかわかりますか。これはいわゆる国民皆兵のせいです。つまり、兵隊が増えたんです。それまでは軍人になるのは貴族と傭兵だけだったから、兵力も限られていたのですが、フランス革命以降ヨーロッパ諸国が近代国家になることで、成人男子の国民すべてが兵隊になったわけです。ということは、作戦計画として目減りを避ける必要がない。死んだらどんどん次の人を投入すればいい、という考え方に変わっていく。これを一番巧みにやったのが**ナポレオン**です。フ

フリードリヒ大王
一七一二―八六。第三代プロイセン王。啓蒙専制君主の典型とされ、優れた軍事的才能と合理的な国家経営でプロイセンの国力増強に努めた。石原莞爾は『戦争史大観』で「フリードリヒ大王は持久戦争の頂点に至る名将で有った」としている。

ナポレオン
ナポレオン・ボナパルト。一七六九―一八二一。フランス第一帝政の皇帝(一八〇四―一四、一五年)。フランス革命後の混乱を収拾して、軍事独裁政権を樹立した。また、イギリスを除くヨーロッパ大陸の大半を制圧したが、最終的に敗北して失脚した。

ランス革命以降、近代ではどんどん兵隊を戦闘に投入していくことになります。これは日本の第二次世界大戦の悲劇にもつながっていきます。とにかく、どんどん兵力を投入していく。時代は、再び決戦戦争のものになる。一発戦って、犠牲者はすごく多いかもしれないけれど、それでケリをつける。これが近代、だいたい一九世紀以降の戦い方で、第一次世界大戦まで続いていきます。

第一次世界大戦も、最初ドイツはフランスに侵入したときに、決戦戦争で終わるつもりでした。ドイツだけではない、フランスもイギリスもロシアもそう思っていた。ところがそれでは終わらなくて、持久戦になってしまった。石原は、ここで世の中が変わったといっています。ドイツ軍が短期決戦を想定してフランス領内に侵入したけれど失敗したのはなぜかというと、防御層が厚くなったからです。防御が厚くなったので、大砲で攻撃しても突破できなくなってしまった。それで持久戦に変わったのだと、石原は分析します。

そして、決戦戦争と持久戦争の繰り返しのスパンは、中世は約一〇〇〇年（決戦戦争）――どういうわけか石原はここで古代を無視している――ですが、ルネッサンスからフランス革命までは三〇〇年から四〇〇年（持久戦争）、フランス革命から第一次大戦までは一二五年（決戦戦争）と、しだいに短くなっていきます。ここから彼は、持久戦争が始まった第一次世界大戦から五〇年後に決戦戦争が再び起こるんじゃないかと計算します。そして、これが最終戦争である、というわけです。

これに関しては、僕の意見では、別に「最終」でなければならない必然性はありません。決戦戦争の時代になっても、どこかで再び持久戦に変わっていってもいいのではないかと思います。ものすごく短いスパンで、決戦戦争と持久戦争が交互に入れ替わる可能性はあるわけです。それなのに、彼はあえてここを最終戦争と決めつけます。これがやはり問題だと僕には思えます。それでも、彼は次に起こる世界大戦が決戦戦争としての最終戦争になるだろうという予測を立てるのです。

戦術の面でも、石原は非常に面白いことをいっています。彼自身はたいへん先見の明があった人で、陸軍の士官学校の卒業のときに、これからの戦い方として、飛行機に機関銃を搭載せよ、といいました。その後の時代には当たり前になる発想ですが、その時期には日本ではまだ誰も考えていなかったことです。

戦術の変化について石原はこう述べています。彼は陸軍の軍人ですから、陸軍の陣形の組み方に基づきながら、陣形が幾何学的に点、実線、点線と経て面に達していると指摘し、将来は体（三次元）になると予測していいます。これまで戦いは歩兵、騎兵などによって平面（二次元）で行われていたけれど、これに空軍が加わり立体的になり、戦い方も空中戦が中心になるというわけです。この立体化した戦いが極限に達したとき、最終戦争になるのです。

彼の面白いところは、兵器の開発を重視するところにあります。日本の歴史における戦国時代を例にとりながら、鉄砲の伝来が信長、秀吉、家康による統一を可能にしたことを強調します。だから、世界の統一にも新兵器が必要なのです。

最終戦争についても、彼は、**一瞬にして敵の首都を廃墟としてしまう兵器の開発が必要**だといっています。超音速の航空兵器だとか、核兵器、大陸間弾道ミサイルを予測していて、そういうものの開発が行われることで、最終戦争は実現すると考えています。太平洋戦争が始まる前の時点で、未来に開発されるものを予測していたんです。『最終戦争論』を今読んでみても、戦後活躍する兵器をすでに見通している点で、彼の才能には驚かされます。繰り返しになりますが、彼はこういう点では非常に先見の明があ

一瞬にして敵の首都を…

「一番遠い太平洋を挟んで空軍による決戦の行われる時が、人類最後の一大決勝戦の時であります。即ち無着陸で世界をぐるぐる廻れるような飛行機ができる時代であります。それから破壊の兵器も今度の欧州大戦で使かっているようなものでは、まだ問題になりません。もっと徹底的な、一発あたると何万人もがペチャンコにやられるところの、私どもには想像もされないような大戦力のものができねばなりません。

飛行機は無着陸で、世界をグルグル廻る。しかも破壊兵器は最も新鋭なもの、例えば今日戦争になって次の朝、夜が明けて見ると敵国の首府や主要都市は徹底的に破壊されている。その代り大阪も、東京も、北京も、上海も、廃墟になっておりましょう。すべてが吹き飛んでしまう……。それぐらいの破壊力のものであろうと思います。そうなると戦争は短期間に終る。それ精神総動員だ、総力戦だなどと騒いでいる間は最終戦争は来

りました。石原を評価する人は、満州事変の作戦と、こういうところを評価する人が多いんです。

ない。そんななまぬるいのは持久戦争時代のことで、決戦戦争では問題にならない。この次の決戦戦争では降ると見て笠取るひまもなくやっつけてしまうのです。このような決戦兵器を創造して、この惨状にどこまでも堪え得る者が最後の優者であります」。

（『最終戦争論』、三七頁）

宗教に支えられた「最終戦争」

ただここで問題なのは、こういう非常に合理的な判断をする軍人が、どうして日蓮や国柱会のような宗教的なものの考え方と結びついてしまうのかということですね。宗教的なものの考え方ということでは、日蓮の予言というのが大きな影響力をもっています。石原は、日蓮と智学から末法の世における上行菩薩による救済という考えを学び、次のようにいいます。

そして日蓮聖人は将来に対する重大な予言をしております。日本を中心として世界に未曾有の大戦争が必ず起こる。そのときに本化上行が再び世の中に出て来られ、本門の戒壇を日本国に建て、日本の国体を中心とする世界統一が実現するのだ。こういう予言をして亡くなられたのであります。

（『最終戦争論』五八頁）

元寇のとき、日蓮は蒙古が日本に侵入してくると予言していましたが、それを田中智学が現代のものとして再解釈したものを、石原がまた持ち出してきます。大戦争が起きて、そのときに、上行菩薩、いわばメシア、救世主が現れて、日本を中心とした世界統一が行われるというわけです。そういう考え方を彼はこの「最終戦争」のバックボーンにしています。そこで、この世界統一、「一天四海皆帰妙法」は日本を中心とした世界の統一と解釈しているわけです。

これも田中智学の考えを、そのままもってきているわけです。石原は「折伏を現ずる場合の闘争は、世界の全面的戦争であるべきだと思います」（同、六〇頁）と書いていますが、つまり、世界の全面戦争とはまさに折伏なんだ、というわけです。相手を説得するのだといっても、口でいってわからんやつは武力で叩いていうことを聞かせるしかないということです。

日蓮が述べた「世界の一番終わりに絶対的な平和がある」と同じことは田中智学も語っているし、石原莞爾もそれを受け入れます。田中智学は、ある論文の中で、**日蓮の言葉は四八年後に成就する**と予言しています。この言葉を石原は、田中智学ほどの方がおっしゃっているからと、まったく検討もせず、無批判に受け入れるんです。こういう宗教上の理由においては、石原はまったく合理的判断を欠いているといえます。

日蓮の言葉は四八年後に…　「私の最も力強く感ずることは、日蓮聖人以後の第一人者である田中智学先生が、大正七年のある講演で「一天四海回帰妙法は四十八年間に成就し得るという算盤を弾いている」（師子王全集・教義篇第一輯三六七頁）と述べていることです。大正八年から四十八年くらいで世界が統一されると言っております。どういう算盤を弾かれたか述べてありませんが、天台大師が日蓮聖人の教えを準備された如く、田中先生は時来たって日蓮聖人の教義を全面的に発表した――即ち日蓮聖人の教えを完成したところの予定された人でありますから、この一語は非常な力を持っていると信じます」。（石原莞爾『最終戦争論』、中公文庫、二〇〇七年、三七頁）

石原は、自分は軍事上の理由から最終戦争ということをいっているのであって、宗教的な理由はただこの説を補足するためのものにすぎないと主張していますが、実際にはこれはまったく逆です。むしろ宗教的な理由がまず頭の中にあって、それを軍事的な理由で正当化していったのではないでしょうか。第二次世界大戦の後の戦争が、最終戦争である必然性は軍事的な理由から出てこない。ところが、それを「最終戦争」と石原はいいきってしまう。なぜかというと、やはり日蓮と田中智学の予言があるからなんです。

結局、彼の考えは、田中智学の考えを現実のものにしようとしたものだといえるでしょう。

だから石原は、近代になって作られた天皇制に対しては、帝国陸軍の軍人ですからもちろん信奉しているし、その枠組みにも囚われたままです。魂の古層というレベルを考えてみても、彼の考えは「八紘一宇」という考え方を一歩も出ていません。根本までさかのぼって、田中智学の教えを考え直してみようという契機も見られません。むしろ田中の思想を彼なりのやり方で現実のものにしようとした側面が強いわけです。

『最終戦争論』には、「政治的に世界が一つになり、思想信仰が統一され、この和やかな正しい精神生活をするための必要な物資を、喧嘩してまでも争わなければならないことがなくなります。そこで真の世界の統一、即ち八紘一宇が初めて実現するであろうと考える次第であります」（同、五二頁）と書いてあります。結局実現するのは、真の八紘一宇なのです。神武天皇の理想である八紘一宇の古層をここで生かすという考え方なんですね。これはすでに田中智学がいっていることで、それを実行にうつす、ということです。

つまり、彼の古層は、やはり田中智学同様に神武天皇の古層であって、それは結局、近代の天皇制のイデオロギーに共鳴するかたちで解釈された『日本書紀』であって、上からしつらえた解釈に立脚しているものです。

そこでは必ず、日本が世界の中心という考え方になるし、それは同時に天皇制の擁護にもなります。だから、本当に魂の古層まで行っているのかといわれると、これは疑問です。そこに田中智学と石原莞爾の考え方の限界があると僕は考えます。

こうまとめると、皆さん、田中智学や石原莞爾に対して非常にネガティヴなイメージをもたれるかもしれません。

しかし、智学にも日本の領土拡張ではない「世界の道義的な統一」を考えていた面もあるし、殺人が罪であるならば国家も殺人を行ってはならないという理由から死刑制度に反対していたり、あるいは、日蓮の法華経と天皇とどっちが偉いかというと、日蓮の法華経の方が偉い、といって、国体の解釈で政府と物議をかもしたりもしています。ですから、田中智学をただひとこと「戦前の右翼」といって片づけていいのかどうかという問題は残っています。

石原の場合も、満州事変の立案者でもありますが、戦後は平和主義者となり軍備の放棄を主張しており、こういったところでも理想主義者といえます。満州でも本気でユートピアを実現しようとしていたし、満州・中国を植民地にしようという現実主義者とは違う何かがあるのだと思います。

それは彼らにとって肯定的な弁護になるかもしれません。ただやはり、八紘一宇などの考え方や、神武天皇についても、近代天皇制による正当化の枠組みを出ていないし、お上の立場から上から目線で古層を解釈していく面は否めません。

ドリームランドとしての岩手県

それに対して、宮沢賢治の方ですね。自然との共生というキーワードを出してきたり、非常に面白い人なんです。皆さんも童話や詩を読まれたことがあると思います。

この宮沢賢治が、先ほどの、かなり右寄りの国柱会の会員でした。ただ、不思議なことに、彼の著作の中には、天皇崇拝という考えは出てきません。それから、いわゆる侵略戦争、対外的に攻めていくということに関しても言及されていません。また、さっきいった日本国体論とかといったことに対しても、まったく関心がないんです。これは非常に面白い、ユニークなことだと思います。僕の目には、日蓮の教えや法華経に人工的に後からつけ加えられたものについては、あんまり関心がないんじゃないかというふうに見えます。

賢治は最初は田中智学の講演を聞いて国柱会に飛び込んで、その素晴らしさに対して、**田中先生のためなら何でもやります**、シベリアでもどこでも行きます、と書簡に書いています。しかし、だんだんそういう賛美も出

田中先生のためなら…
「日蓮聖人は妙法蓮華経の法体であらせられ／田中先生は少くとも四十年来日蓮聖人と心の上でお離れになった事がないのです。これは決して決して間違ひありません。即ち／田中先生に　妙法が実にはっきり働いてゐるのを私は感じ私は信じ私は仰ぎ私は嘆じ　今や日蓮聖人に従ひ奉る様に田中先生に絶対に服従致します。御命令さへあれば私はシベリアの凍原にも支那の内地にも参ります。乃至東京で国柱会館の下足番をも致します。それで一生をも終ります」。（『宮沢賢治全集9』、ちくま文庫、二〇〇三年、二四〇頁）

てこなくなる。国柱会のことについてもだんだん書かなくなってきます。最後まで国柱会会員として留まりはするのですが。

これは宮沢賢治のある意味ですごいところで、国柱会の思想の中心ともいえる、国体の擁護とかといった、後から天皇制と結びつけて人工的に作られた観念に対して、なんか違うんじゃないか、と本能的に感じるところが彼の中にあったと思うんです。これが「魂の古層」と結びついてくるのではないかと僕は考えています。

彼も石原莞爾同様、ユートピア志向が強い人です。『注文の多い料理店』という童話集の題名には、「イーハトヴ童話集」と付されています。「**イーハトヴ**」とは何かというと、彼が書いたとされる出版時の宣伝文句では、自分の心象風景としての、ドリームランドとしての岩手県だ、とされています。ここはユートピアのようなところで、ドリームランドであると。なかなか気のきいた、さすがというほかない表現ですね。

ドリームランドとしての岩手県だということで、岩手県をモデルにしたような表現も出てきます。たとえば「グスコーブドリの伝記」という作品では、グスコーブドリが子供のときに、冷害による飢饉があって、お父さんお母さんが、子供に栄養をとらせようとして自分たちが山に行って、そ

イーハトヴ

「イーハトヴは一つの地名である。強て、その地点を求むるならばそれは、大小クラウスたちの耕してゐた、野原や、少女アリスガ（原文ママ）辿つた鏡の国と同じ世界の中、テパーンタール砂漠の遙かな北東、イヴン（原文ママ）王国の遠い東と考へられる」。

「実にこれは著者の心象中に、この様な状景をもつて実在した／ドリームランドとしての日本岩手県である。（この行赤刷り）／そこでは、あらゆる事が可能である。人は一瞬にして氷雲の上に飛躍し大循環の風を従へて北に旅する事もあれば、赤い花杯の下を行く蟻と語ることもできる。／罪や、かなしみでさへそこで聖くきれいにかゞやいてゐる。／深い掬（ママ）の森や、風や影、肉之（ママ）草（「月見草」の誤植か）や、不思議な都会、ベーリング市迄続々（ママ）（「く」の誤植か）電柱の列、それはまことにあやしくも楽しい国土である。この童話中の一列は実に作者の心象スケツチの

のまま餓死してしまう。その後、妹ともはぐれて、苦難を越えて育ったグスコーブドリは技師になります。そして冷害をなくそうと肥料の開発などに携わって出世しますが、最後にすごい冷害がやってきます。火山を爆発させて、そこの炭酸ガスを噴出させて冷害を防ぐべきだとグスコーブドリがいう。しかし、爆発させるためには、誰かひとりそこに残らなくてはいけない。そこで、このグスコーブドリが爆発の役目を引き受けて、彼はそこで死んでいくという、自己犠牲の物語でもあります。こういうところは、東北地方の貧しさ、岩手県の冷害といったものがモデルになっているのでしょう。もちろん岩手県にはこういう面ばかりじゃなく、いろんな要素がありますが、ドリームランドとしての岩手県は、一種のユートピアといえると思います。

一部である。それは少年少女期の終り頃から、アドレッセンス中葉に対する一つの文学としての形式をとつてゐる」。（『宮沢賢治全集8』、ちくま文庫、二〇〇九年、六〇二―三ページ）

異界との交流

彼のユートピア志向のもうひとつの特徴は、異界との交流です。別の言葉でいうと、生の世界と死の世界の交流ということになるでしょうが、これは金山秋男先生が研究しておられる死生学の問題ともからんできます。

有名な作品を挙げれば、『春と修羅』という詩集です。彼にはトシというすごく仲のよい妹がいましたが、妹の方が賢治より先に亡くなってしまい、彼は悲嘆にくれます。その死んだ妹との魂の交流を描いた詩が『春と修羅』には含まれています。

それから、「風の又三郎」では、高田三郎という転校生を、子供たちが、あいつは風の又三郎だ、と神の子みたいな感じで見たりします。高田三郎がやってくると、戸が揺れたりとか風が起きたりするんですね。このように、幻想の世界と、子供たちの思いと、現実の高田三郎がいっていたことが交錯するようなかたちでお話は進みます。

また、皆さんもご存知の「銀河鉄道の夜」。銀河鉄道というのは、死出の旅路ですね。お星さまの世界に行く死出の旅路です。そこに主人公のジョバンニが、カムパネルラという友人と乗り込んでいきます。ここでもまた、死の世界との交流が見られます。

異界との交流というテーマに、賢治は非常に鋭い感覚をもっていました。霊的な能力が非常に高い人だったといえるかもしれません。

森羅万象すべて仏

宮沢賢治の評価には、時代によって異なるところがあります。現在は、自然との共生という方向で評価がされていると思います。東北の震災以降、原発事故の反省から、自然とは支配するものではないという考え方が広がっているのも事実でしょう。「山川草木悉皆成仏」といって、すべて山も川も草木も全部仏さんだ、という発想もあります。

ただ、この文句を実際に仏教でいった人はいないんです。この文句は、日本的な考え方を語る上で非常に重要だということで、ある種の民間信仰といっしょによく語られますが、実際仏教の経典の中で、これにあたるものはひとつもないんです。このことは日本仏教史を研究している**末木文美士**さんという方が証明していることで、「草木国土悉皆成仏」という似たような文句はあっても、これそのものっていう経文はありません。ただ、非常に口当たりがいいのでみんな語っているだけです。

しかし、僕らの民間信仰の原点のひとつに、こういう森羅万象すべて仏なんだという発想があるのも確かですね。これは古層のアニミズムとも結

末木文美士
すえき・ふみひこ。一九四九― 。仏教学者。中世仏教史研究から近現代の仏教思想に関心を広げ、日本人の基層にある精神史を読み解こうとする。著書に『日本仏教史 思想史としてのアプローチ』『日本宗教史』。本文の、「山川草木悉皆成仏」が実際の経文にないという点については、『草木成仏の思想 安然と日本人の自然観』(サンガ、二〇一五年)参照。

びついているようにも思えます。

宮沢賢治は、書簡に肉や魚を食べることに対する批判を書いています。その中に、「一人成仏すれば三千大千世界山川草木虫魚禽獣みなともに成仏だ」（『宮沢賢治全集９』、九二頁）とありまして、すべてに仏は宿るからそういうものを食べてはいけないんだ、という理屈です。それで彼はベジタリアンになっていきます。

でもこれ、よく考えてみるとおかしいですよね。だったら野菜だって食べちゃいけないじゃないかという理屈になりそうなんですが、彼自身、野菜を食べることは認めています。肉食についても融通もきかせていたようで、ときどき海老天や鰻を食べたりして（笑）、わりと寛容だったみたいですね。

イスラム教徒でも、たとえばアラビア半島のイスラムは厳しいんです。お酒を飲んだり豚肉を食べたりしてはいけないという戒律などが厳しく守られています。原理主義者の人たちも厳しいですよね。ところが、チュニジアやインドネシアあたりになると戒律にけっこう緩やかなイスラムの人も多くいて、つきあいから酒席につくような場合、神様に「いいですか？」と聞いて、「いいです」といわれたことにしてお酒を飲んだり、友達に招待されて豚肉が出てきたとき、せっかく歓待してくれているのに食べないのは相手に失礼だと思い、神様に聞いて「いいです」という答えがあったから食べるといって、気を遣ってくれるイスラム教徒もいます。

宮沢賢治の場合もそれと似たようなところがあり、彼は菜食主義者ですけど、他の人とのつきあいや自分の好みから肉を食べたりするところもあって、決してゴリゴリの菜食主義者ではなかった。しかし、この菜食主義が彼の長生きしなかった原因のひとつになっているのも確かでしょう。

賢治は、とにかく屠殺と肉食を嫌悪して否定しています。そのことについての悩みを書いた童話もけっこうありますね。「なめとこ山の熊」という童話は、猟師が鉄砲で撃って熊を仕留めて毛皮とかを売りに行くというお話ですが、猟師も別に熊のことが嫌いじゃないんです。それを仕留めて売りに行かなければならないという悩みですね。

あるいはその後の「ビヂテリアン大祭」。「ビヂテリアン」というのはベジタリアンのことで、ベジタリアンの人たちと肉を食べてもいいという人たちが論戦して、ベジタリアンが勝つというお話を賢治は書いています。「注文の多い料理店」では、狩人の二人が食事をとるために、山猫軒というお店に入っていく。「注文が多い」というのは流行っているんだろうと狩人たちは勝手に解釈するのですが、「注文が多い」というのは要求が多いということで、やれ靴はちゃんと脱げとか、泥を払えだとか、裸になれとか、体に塩を揉み込めとか、そんな要求が次々と来て、それを自分に都合のいいように解釈していたら、最後に食べられるのは自分たちだと気づいて怖がっていたところに、自分の飼い犬が来て追い払ってくれて助かるという話です。こういうところにも狩猟で獲物を殺すことに対する宮沢賢治の怒りが現れています。

また、食物連鎖にも否定的な考え方です。たとえば動物は、草食動物が植物を食べて、肉食動物が草食動物を食べるという生態系があって、自然のサイクルができているわけですが、彼はこれにも反対しています。「よだかの星」という悲しいお話では、よだかは、「なんで自分は鷹に殺されなければいけないんだ」と悩んでいるときに、**「自分は虫を食べている。虫を食べている罪なんじゃないか」**と考えます。つまり、賢治は、食べ物の連鎖ということも罪深いものとして否定的にとらえ、そういうものがない世界を考えていこうじゃないかというわけです。

自分は虫を食べている…「（あゝ、かぶとむしや、たくさんの羽虫が、毎晩僕に殺される。そしてそのたゞ一つの僕がこんどは鷹に殺される。それがこんなにつらいのだ。あゝ、つらい、つらい。僕はもう虫を食べないで餓ゑて死なう。いやその前にもう鷹が僕を殺すだらう。いや、その前に、僕は遠くの遠くの空の向ふに行ってしまはう。）」（「よだかの星」『宮沢賢治全集5』、ちくま文庫、二〇〇九年、八七頁）

人間は世界の中心ではない

賢治の童話には、人間と動物の交流もよく描かれています。「セロ弾きのゴーシュ」という有名な作品がありますが、これはゴーシュというものすごく下手なチェロ弾きが、毎晩練習しているところに、動物たちが聴きに来るというお話です。最初はゴーシュは傲慢に振る舞い、動物のことをバカにしているんですが、動物たちの頼みや指摘を聞きながら練習することでだんだん上達していきます。そうすると、しだいに心も優しくなってきて、動物との交流も深まっていき、最後には傲慢に接した動物にお詫びの気持ちを述べるようになります。こういうところに賢治の世界観が出てきていますね。

彼の考え方には、仏教の輪廻の考えの影響というものがありますね。人間は転生を繰り返し、現世が人間であっても、前世や来世がそうであるとは限らず、人間が動物になったり、動物が人間になったりする、という考え方です。つまり、入れ替わりが可能だということですね。人間と動物の境界をはっきり定める西欧の考え方と違い、人間と動物はこの境界を超えてつながっているのです。彼は猫嫌いだという話もありますが、自分のことを山猫と思っていたというふしもあって、人間と動物との境界がちょっと曖昧になっているところもあります。動物もお友達という感じで。

賢治はたぶん、人間と動物の交流の考え方をもう少し推し進めて、日蓮と智学における、「世界の統一」という考えをもっと違うように解釈したのではないか。つまり、自然との一体化というかたちでの統一ですね。彼がドリームランドで実現しようとしたのは、こういうかたちでの「世界の統一」だったのではないでしょうか。

つまり、人間、動物、植物が一体化し、どこにも中心というものはない。イーハトヴというのは、いわばコスモポリタンで、そこには、たとえばゴーシュのような名前から見ても西洋人みたいな人や、いろいろな種類の人が出てきます。賢治はエスペラント語を勉強しましたし、コスモポリタンとしての意識が非常に強い人でした。イーハトヴには、日本人もいれば西洋の人も出てきますが、人間ばかりじゃなくて、動物も植物も、異界の住人やお化けも出てきます。彼の描く世界は、こういった者たちすべてを含んだ意味でのコスモポリタンといえるのではないでしょうか。

それをどう考えていくかというのが、賢治を読み解くときの重要なポイントです。僕たちはふつう、そこを、人間のことを植物や動物に投影したメタファーだと読んでいく傾向があります。つまり、動植物に仮託して人間のことを語っているというわけです。しかし、僕はそうではないと思っています。

ここに描かれているのは、あくまでも人間と動物と植物が一体になったある種の世界なのであって、つまり、動物の世界もこうなっていて、人間の世界もこうなっている、一種のドリームランドだと考えていると思います。人間が中心にあって、それを動物に仮託して語っているというものでは決してない。人間も動物もひとつのものであるような、そういう世界なのでしょう。仏法における世界の統一というのは、そういう動物も植物も巻き込んだかたちでの統一的な世界観ではないかと僕は思います。決して人間が中心なのではありません。ましてや日本が中心ということはありえない。田中智学や石原莞爾がいうような、日本が中心という発想は、賢治には無縁です。彼は常に中心なきコスモポリタンなのです。

フランスの思想家**ジョルジュ・バタイユ**の共同体についての概念にアセファルというものがあります。アセファルとは「無頭の」を意味する形容詞です。バタイユが構想していたのは「無頭の共同体」、「頭」である「首

ジョルジュ・バタイユ
一八九七―一九六二。フランスの哲学者、思想家、作家。多岐にわたる分野で著作を残し、ニーチェの影響を受けた無神論的神秘主義を提唱。著書に『眼球譚』『無神学大全』『呪われた部分』。

長」のいない共同体です。この概念を賢治のイーハトヴに転用してみると、このドリームランドのあり方がよくわかると思います。支配するトップがそこにはいないのです。人間が「頭」として支配するのではないし、日本が「頭」として支配するのでもない。彼が天皇という「頭」の存在にも、天皇による「国立戒壇」の制度にも無関心だったのも当然といえるでしょう。また、賢治の童話は「法華文学」といわれ、法華経の教えから傲慢を戒める面があります。童話の登場人物で傲慢になったり、威張ったりしている者は、必ず報いを受けます。中心になろうとしたり、支配する「頭」になろうとするものは、その傲慢さから必ず転落するのです。

繰り返し確認しておきたいのは、この世界で人間は中心や「頭」ではないということです。動物やあらゆる生き物、さらには異界の住人までもが脱中心化したかたちでそこにはいる。これが彼の法華経の世界観です。ここにある種の「魂の古層」が現れているのではないでしょうか。

これはある意味で、中沢新一先生がよくお話しになる、**縄文的な古層の世界**ですよね。神武天皇の考え方が古層ではないとはいいません。しかし、天皇の決意ではなく、民衆の中で息づいているような、すべてのものが仏であるという考え方、さらにそのおおもとになっている縄文的な異界との

縄文的な古層の世界
中沢氏が長年研究されてきた「対称性の論理」も、人間という「頭」が不在のイーハトヴの世界における、人間と動物の関係にあてはまる（中沢新一『カイエ・ソヴァージュ』、講談社、二〇一〇年、第五部「対称性人類学」を参照のこと）。

交流とか、自然との共生、あるいはすべてに神や精霊が宿るようなアニミズム、さらにアイヌの熊祭りに見られるような、動物が狩猟の対象であると同時に聖なるものであるという考え方というのが古層にあって、こういった賢治の考え方にも受け継がれてきているのではないかと思います。

田中智学や石原莞爾の古層とはだいぶ違って、すべての動物、植物、異界の住人までを巻き込んだような古層。これがそこにあるのではないでしょうか。決してどこかに中心を置くようなものではなく、人間中心でもなければ、日本中心でもない。こういうものの考え方が賢治の中にあることが、彼が今でも評価され、僕らの心を打つゆえんではないか、と思うわけです。

「本当の幸福」を求めて

この独特な「世界の統一」の考え方を軸にして、賢治は理想を追求していきます。彼は、現状に満足するような人ではありません。肉を食べる人もいれば戦争もする今の時代を、そうではない理想の時代へと作り変えていこうとします。

さっき出てきた日蓮宗の折伏の考え方には、現状を打破しようというところがあります。日蓮宗が非常に戦闘的なのは、現状を改革する気があるからで、現状に妥協するためではありません。それは、智学にも石原にも賢治にも読み取れる考え方です。

では、彼は理想として何を追求していったのか。それは、「絶対的に平和な世界」と「本当の幸福」です。

まず賢治は、戦争も畜殺もない世界を求めます。彼は戦争の悲惨を、たとえば「烏の北斗七星」という作品で描いています。賢治には戦記物みたいな作品はあまりないのですが、この「烏の北斗七星」は、賢治の中では例外的に戦記物といっていいでしょう。これはどういう話かというと、烏を軍艦に見立てて、鳥の艦隊が、山の奥の山烏の艦隊と戦うというものです。山烏がお腹を空かせて山から下りてきて、烏の艦隊は縄張りを荒らされたら困るから迎え撃って、山烏の艦隊が負けます。しかし、主人公の烏は、やっぱり相手に対して同情してしまうんです。戦争の悲惨さ、嫌いでもないものを殺す悲惨さを彼は訴えます。

また、畜殺の悲惨さを賢治は訴えます。先ほどの「なめとこ山の熊」で猟師の苦悩が描かれますが、「フランドン農学校の豚」という物語があって、これもかわいそうなんです。非常に頭のいい豚さんがいて、人間ともコミュニケーションをとれるんですけど、結局いつ殺されてもいいですよと契約書にサインさせられて殺されていくというお話なんです。屠殺するからといって、別にその豚とか牛が憎いわけではありません。だけど、食べるために殺さざるをえない。これを賢治はものすごく嫌っています。

父親に宛てた手紙ではこう書いています。

戦争とか病気とか学校も家も山も雪もみな均しき一心の現象に御座候その戦争に行きて人を殺すと云ふ事も殺す事も殺すものも殺さるゝ者も皆等しく法性に御座候　―中略―（先日も屠殺場に参りて見申し

候)、牛が頭を割られ咽喉を切られて苦しみ候へどもこの牛は元来少しも悩みなく喜びなく又輝き又消えまったく不可思議なる様の事感じ申し候。

(『宮沢賢治全集9』、ちくま文庫、一九九五年、六七頁)

賢治は、徴兵、兵隊、軍、戦争といったところと、牛が殺される、畜殺というところをアナロジックにとらえています。嫌いでもない者を殺してしまうこと、――もちろん嫌いな人間だって殺していいわけではありませんが――、この点で両者は共通しています。このふたつがない世界を彼は考えていこうとします。これが「みんなの幸」「ほんたうのさいはい」「まことの幸福」であり、これが結局法華経の真理の一番のところではないのかと考えます。そこを彼は、何度も誠実に問い直して考えます。この点に関して、彼は非常に誠実です。

犠牲と贈与

この問題を考える上でまず挙げたいのは、犠牲と贈与という概念です。賢治の場合、犠牲という考え方が強くて、「みんなの幸」と「ほんたうのさいはい」のための自己犠牲や自己贈与という考えが前面に出てきます。

そういう点で思い出されるのは、**シモーヌ・ヴェイユ**というフランスの女性の哲学者です。この人も自己犠牲の精神が強くて、とにかく戦争のときは最前線でもっとも危険な任務を志願して自分の命が犠牲になることを自分の使命だと思っています。彼女はユダヤ系で、第二次大戦中にイギリスに亡命しているのですが、フランスの子供たちの配給量よりも食べてはいけないといって、結核で体も悪くなっているのに、その配給量よりも少ない食事しかとらないし、それでいてものすごい量の読書と執筆に身を捧げていたので、栄養失調で死んでいきました。自己犠牲の精神という点では、賢治と非常に似ているところがあります。

自己犠牲という主題は、「烏の北斗七星」や「銀河鉄道の夜」にも出てきます。自分を捧げるんですね、サクリファイスです。どうしてそういう

シモーヌ・ヴェイユ
一九〇九―四三。フランスの哲学者。教員となったのち工場での労働を経験、さらに政治活動に参加した。著書に『工場日記』『重力と恩寵』。

自己犠牲をしなければいけないのかという理由のひとつは、肉を食べるような罪を誰もが犯しているからである、ということになります。「銀河鉄道の夜」でも、蠍《さそり》について語る件があります。蠍は、他の動物を殺して生きています。そういう罪を背負っているわけです。井戸で溺れそうになったときに、蠍は神様にこうお願いします。

こんなにむなしく命をすてずどうかこの次にはまことのみんなの幸のために私のからだをおつかひ下さい。って云ったといふの。そしたらいつか蝎はじぶんのからだがまっ赤なうつくしい火になって燃えてよるのやみを照らしてゐるのを見たって。いまでも燃えてるってお父さん仰ったわ。ほんたうにあの火それだわ。
（「銀河鉄道の夜」『宮沢賢治全集７』、ちくま文庫、一九八五年、二八七頁）

つまり、私は今までいろんなものを殺してきた。だから蠍はみんなの役に立つように、みんなの命を照らすような炎にしてください、と神様にお願いしたら、神様が認めてくれてそうなったというお話なんです。

いわば贖罪ですね。悪いことをしたらその罪を償わなければいけない。先ほどのよだかもお星さまになりますが、自分も他の動物、虫とかを食べた罪を背負っているんだという発想があります。そのためには、自己を犠牲にする、自分を与える、自分を贈与する、というわけです。

中でも、賢治は最終的には、自己犠牲としての自己贈与といいますか、自分を無償で人に与えるような自己贈与の方へ傾斜していきます。そして、それがどこまでも進んで行くわけです。「みんなの幸」とか「ほんたうのさいはい」のために、何べん引き裂かれてもいいという話になってきます。「銀河鉄道の夜」の中でジョバンニはこういいます。

僕はもうあの蠍のやうにほんたうにみんなの幸のためならば僕のからだなんか百ぺん灼いてもかまはない。

（同、二九二頁）

輪廻転生という連想も働いているんでしょうか。ヨーロッパでは、古代ギリシアのプロメテウスが火を盗んだというのでゼウスに怒られて、はりつけにされて、肝臓をハゲタカに食いちぎられつづけるという神話がありますが、ああいうイメージもあるのかもしれません。何度殺されても自分が犠牲になることによって、そういう世界を実現していこうじゃないかというお話です。「銀河鉄道の夜」では、ほんとうの幸福とは何だろうと見失うところもありますが、そういう理想に向かって悩みながら進んでいくところがあります。

「烏の北斗七星」の結末には、こう書いてあります。

烏の新らしい少佐は礼をして大監督の前をさがり、列に戻つて、いまマヂエルの星の居るあたりの青空を仰ぎました。（あゝ、マヂエル様、どうか憎むことのできない敵を殺さないでいゝやうに早くこの世界がなりますやうに、そのためならば、わたくしのからだなどは、何べん引き裂かれてもかまひません。）

（「烏の北斗七星」『宮沢賢治全集8』、ちくま文庫、一九八六年、六〇頁）

戦争においては、憎むことのできない人間を殺さざるをえません。だから、戦争のない世界を誕生させてください、と賢治は考えます。こういうことに対して祈る、そのために自分は犠牲になる、自己犠牲があって、自分を与える自己贈与の考え方が、彼の根本にあるわけです。

自己犠牲と他力

今、宗教が、非常に攻撃的になっていますね。アルカイダによる自爆テロやイスラム国による虐殺などが、よく報道されています。**パスカル**もいっていますが、ひとつ間違うと宗教ほど残虐なものはないのです。キリスト教の歴史を見ても、十字軍、異端審問、魔女狩りによる大量殺戮という事件が起こっています。

宮沢賢治自身は非常に激しい人です。少なくとも、激しい面をもっている人です。彼の父親は浄土真宗ですが、彼は日蓮の教えに目覚めたので、対立する父親を折伏しようとするわけです。浄土真宗のお父さんは金貸しをしていて、それで蓄財して代議士になるのですが、そういう父親を見ると、南無阿弥陀仏と唱えれば、浄土真宗は悪人すら救ってくれるのだから、どんなに悪いことをしても救われるというのは、それはおかしいだろうということになるわけです。一見すると童話作家で優しいイメージがありますが、彼はすごく苛烈な激しい面をもった人で、作品も読んでみると中にはけっこう残酷なものもありますよね。先ほどの、蝋やジョバンニや鳥の

パスカル
ブレーズ・パスカル。一六二三—一六六二。フランスの哲学者、自然哲学者、思想家、数学者、神学者。さまざまな分野に多くの業績を残しつつ、早世した。著書に『円錐曲線論試論』『パンセ』。

少佐による自己犠牲も、この残酷なまでの攻撃性の裏返しではないのでしょうか。ここでは、かつて父親に向けられていた攻撃性は、他者に向けられるのではなく、自分に向けられているのです。田中智学や石原莞爾の場合は、いうことを聞かない他人や他国を折伏し、いわば他者を攻撃することで、「世界の統一」を実現しようとするのですが、賢治の場合は、自己犠牲というかたちで自分を攻撃することで、ドリームランドを作ろうとしたのです。この点では、前の二人と賢治は一見すると全然異なるようにも見えますが、よく見てみると表と裏の関係にあるように思われます。そこには理想の実現のための激しい攻撃性があるのです。

そして、ここには他力という考え方が抜きがたくあるんですね。最終的に自分の力で実現して、というのではなく、たとえば折伏みたいな考え方にしても、現実を変えていくにしても、法華経の考え方からいくと、やっぱりそれは受動的なものなんです。自分の力でやっているものではない。何かからの贈与というのか、何か大きな存在が自分に力を貸してくれている、という発想になるんです。田中智学や石原莞爾が他国を武力で制圧し他者の折伏に成功したとしても、それは最終的には「他力」によるものです。ましてや、自分が何度も犠牲になることと引き換えに、平和で幸福な世界の実現を祈る賢治も「他力」に身を委ねています。プロメテウスは最初に神々から火を盗んだから永劫の罰を受けるのですが、賢治の場合は永劫の罰先にありきで、この罰を受けることを前提に神に祈るのです。しかも、犠牲になるのは、自分だけなのです。

賢治は、「鳥の北斗七星」ではマヂエル様に祈っていますが、その他にも、彼の考えにはある種の宇宙的な進化論めいたところもあって、**宇宙の盲目的な意志**、つまり神様といっていいのでしょうが、それに従って人間も動物も進化していくことで、「本当の幸福」を得られるんじゃないのか。こういう楽天的な見方も一方ではもっています。何かをやっていって、「本当の幸福」のために進化していくことで、神様のような何か大きな存在から、ある種の贈与を受けられるのではないか。繰り返し犠牲に身を投じ、体を「灼」かれたり、「引き裂かれ」たりして、その結果、最終的に宇宙の盲目的な意志あるいは神の贈与のおかげで、イーハトヴのような、人間も動物も共存できる、絶対的な平和と「本当の幸福」の世界は、実現するのです。

ここで最後に付け加えておきたいのですが、賢治の理想がこういったユートピアを実現することにあるのは確かなのですが、彼の願望はこの

宇宙の盲目的な意志
「たゞひとつどうしても棄てられない問題はたとへば宇宙意志といふやうなものがあってあらゆる生物をほんたうの幸福に齎したいと考へてゐるものかそれとも世界が偶然盲目的なものかといふ所謂信仰と科学とのいづれによって行くべきかといふ場合私はどうしても前者だといふのです。すなはち宇宙には実に多くの意識の段階がありその最終のものはあらゆる迷誤を離れてあらゆる生物を究竟の幸福に至らしめようとしてゐるといふまあ中学生の考へるやうな点です」。
（『宮沢賢治全集９』、三四八―三四九頁）

ユートピアを生きることよりも、ユートピアのために死ぬことなのです。「本当の幸福」のために、繰り返し犠牲になっていくのです。幾度となく輪廻転生し、そのたびごとに供犠に身を捧げるというわけです。智学や莞爾の場合は「世界の統一」の年代はおよそ割りだされていたので、これから幾度となく生まれ変わって実現に邁進するという発想はありません。賢治は繰り返し自分を攻撃し処罰していくのですから、業が深いというべきか、その攻撃性は智学や莞爾を上回るというべきではないでしょうか。しかも、「銀河鉄道の夜」では、「ほんたうのさいはい」がどういうものなのかわからないとも述べており、わからないもののために何回も犠牲になっていくのです。彼の場合、犠牲への願望、自分への攻撃性が目的を実現しようという気持ちより強いのではないでしょうか。

こういった賢治の激しさは、僕には縄文人の狩猟における激しさを思い出させます。縄文人にとって、動物は殺さなければならない敵です。危険で獰猛な存在です。だから、狩猟は戦いの場です。しかし、動物は縄文人たちの生活の糧でもあります。動物を食べなければ生きてはいけません。この意味で、彼らにとって動物は自分たちを生かしてくれる聖なる存在でもあります。**岡本太郎**がいうように、縄文人たちは動物に対して愛憎相半

岡本太郎
おかもと・たろう。一九一一—一九九六。画家。戦前はフランスに留学し、バタイユらと交遊し、戦後は日本で絵画や「太陽の塔」などの立体作品を制作するかたわら、旺盛な文筆活動を行った。縄文美術にも造詣が深い。著書に『今日の芸術』『美の呪力』。

ばするアンビバレンスの感情を抱いていたのです。だから、狩猟という戦いは、聖なる戦いであり、供儀でもあったのです。賢治はこの激しい感情を自分に対して向けたのではないでしょうか。自分への激しい愛憎がここにはあるのです。田中智学や石原莞爾が「世界の統一」のために考えていた戦いは近代の戦争です。憎くもない敵を殺す戦争で、畜殺と同じであり、賢治が唾棄していたものです。彼が自分自身に対して行った「戦い」はそれとは違い、縄文人がおこなった動物との聖なる戦いに近いものなのではないでしょうか。賢治の自己犠牲のなかには、古層に通じる聖なる愛憎が読み取れると思います。

日本人の魂の古層といったとき、日蓮の教えと法華経はそれにあてはまるのでしょうか。ふつうに考えればちょっと違うのではないかということになります。しかし、田中智学は近代の天皇制と法華経の教えを結びつけながら、『日本書紀』の中の神武天皇の言葉という「古層」に至りました。これが「八紘一宇」です。石原莞爾は忠実にこれを実現しようとしました。満州事変を引き起こした、最終戦争と絶対的な平和の考えは、この「古層」と関係しているのです。それに対し、宮沢賢治は智学の「八紘一宇」

の思想にも影響を受けつつも、日本中心、天皇中心、人間中心の発想を捨て去り、洋の東西を問わずいろいろな人々、動物、植物、異界の住人を含んだハイブリッドな共同体を夢見ます。これは智学の見つけた「古層」が、賢治のもつ素朴な世界観や自然観の中で、変容したものなのではないでしょうか。それによって、もっと古い古層が見つけられたのだと僕は思います。自然と人間のあり方、動物と人間のあり方、共同体のあり方が再び問い直されている今日、僕は宮沢賢治の文学は二一世紀の僕らのあり方を再び考え直す重要なものになっていくのではないかと思っています。

第4章

〈古層〉の探りかた

中沢新一

聞き手＝編集部

深沢七郎の言語道断さ

——本書では「日本人の魂の古層を探る」というテーマで、ここまで金山先生、居駒先生、岩野先生の講演を採録してきました。中沢先生には、民俗学は〈古層〉とどんな関係をとってきたか、そして今後民俗学はどうなっていくのかといったお話をざっくばらんにお伺いできればと思います。

中沢 現代にも〈古層〉的なものが図太い顔をして生き残っているんだな、とびっくりした体験があります。それは**深沢七郎**です。深沢七郎は山梨県の石和町に生まれた印刷屋の息子さんで、僕が子供のころに、『楢山節考』で芥川賞を獲りました。**三島由紀夫**がたいへん複雑な反応をしていたのを新聞で読んだ記憶があります。

実際に深沢さんの作品を読んでみて、何ともいいようのないゴツい感覚というか、自分の中にも眠っている、言葉にしたこともないようなものが表現されていることに衝撃を受けました。深沢さんの描いている世界はフィクションなのか？ とも思いましたが、山梨のいろいろな大人に話を

深沢七郎
一九一四―八七。小説家。姨捨山の伝説をもとにした『楢山節考』でデビュー、日本の民衆の赤裸な姿を描き続けた。その他の著書に『笛吹川』『庶民烈伝』。

三島由紀夫
みしま・ゆきお。一九二五―七〇。小説家・劇作家。戦後の日本文学を代表するとともに、海外にも広く認められる作家。しだいにナショナリズム的色彩を強め、一九七〇年一一月二五日、自衛隊市ヶ谷駐屯地にて、割腹自殺した。著書に、『仮面の告白』『潮騒』『金閣寺』『憂国』『豊饒の海』。

聞くと、そうじゃない、あれは本当の話ずらというわけです。深沢さんは、御坂町小黒谷にあった母方のおばあさんの家にしょっちゅう遊びに行っていて、そこで『楢山節考』のような話を聞いたそうです。姥捨てとか、東北の方のデンデラ野とか、ああいう系統の話です。このへんにもよくあった話ずら、と大人たちは話していました。僕はそのころ子供向けのドイツ文学やフランス文学、**堀辰雄**とか、そういう上品な反田舎文学を読んでいたものですから、深沢さんから与えられた衝撃は大きかったですね。

――まさに正反対の世界ですからね。

中沢 何ともいえないゴツい感じ、言語道断なものを感じました。人間観においても、自然を見る目においても、その言語道断な感性にたいへんな感動と衝撃を受けたのが、僕が〈古層〉なるものに触れた最初の体験でした。

それからというもの、深沢さんの作品は出るたびに読み続けてきました。『笛吹川』『東北の神武たち』など、いろいろな作品を読みましたが、この人が描いているのはリアルな世界だと感じました。深沢さんのフィクショ

堀辰雄 ほり・たつお。一九〇四―五三。小説家。フランス文学の影響を受けつつ、小説の形式と方法との模索に飽くなき執着を示し、後身に大きな影響を与えた。著書に、『聖家族』『風立ちぬ』『菜穂子』。

ンではなく、彼が知っている世界の感覚を文学に昇華したもので、そういう世界が生きていることを、しだいに実感するようになりました。

民俗学のことは知っていました。父親（**中沢厚**）が民俗学をやっていましたから。書斎には、柳田國男や折口信夫など、いろいろな本が置いてありました。でも子供のころは、柳田さんの本を見ても、これは文学だと思っていました。素材として採用されたのは日本の民俗ですが、それが柳田さんの文章を通過すると、上品で整合性のとれた世界を形成していく。だからそれは優れた文学なのだと思っていました。

ですから、深沢七郎に比べると、それほどの衝撃は受けませんでしたし、むしろ民俗学は既存の知的な体系からすんなりスライドできる近代性があった。ところがスライドできないまま、巨大な落差、切り立つ断層を遺していたのが深沢七郎だったのです。

中沢厚
なかざわ・あつし。一九一四―八二。民俗学者。農業と政治活動と民間信仰の研究にあたった。著書に『山梨県の道祖神』『つぶて』。

柳田國男→p.2, p.54

折口信夫→p.2, p.54

モノの延長としての人間

―― 中沢さんはこれまでも何度か深沢七郎のお話をされていますが、中沢さんの感じ方の特徴のひとつに、モノと人の区別を根本的にはつけないような、ヒューマニズムを吹き飛ばしてしまうリアルなものの運動に惹かれるところがあるように思います。

中沢 人間もモノの延長であって、地球生命体の進化の連続上にあるという感覚が、子供のころから強かったのです。

少年時代に**エンゲルス**の『自然弁証法』や『反デューリング論』を読んで、とても感動しました。エンゲルスは**マルクス**に比べると大ざっぱな人ですが、ナイーヴな自然感覚に関しては、マルクスより深いところまで触れていると感じました。

星雲状の宇宙から太陽系が発生し、地球が生まれ、そこに生命体が発生するという大きい流れの中に、人間の心が発生する。心は別に宇宙の外からやってくるわけではなくて、物質と一体となった生命活動から神経系が

エンゲルス
フリードリヒ・エンゲルス。一八二〇―九五。ドイツの思想家、革命家。カール・マルクスと協力して弁証法的唯物論・史的唯物論を構築し、その理論の普及と実践活動に献身した。著書に『空想から科学へ』『家族・私有財産・国家の起源』。

マルクス
カール・マルクス。一八一八―八三。ドイツの経済学者、哲学者、革命家。弁証法的唯物論、史的唯物論の理論を基礎に、イギリス古典経済学およびフランス社会主義の科学的、革命的伝統を継承して科学的社会主義を完成させた。著書に『共産党宣言』『資本論』。

発生し、意識が作られ、その意識が人間の心を作る。それらはひとつの大きい環でつながっているという思想をエンゲルスの本で読んだときに、とても納得するものがありました。それは自分の中にある感覚とも合致していました。いわゆる唯物論は僕の少年時代の世界観でした。

そのころ、人類学の本も読み出していました。とくにオーストラリア先住民の神話や儀礼の世界には、物質の運動の果てに作られる人間の精神は一体であるという感覚がとても力強く表現されていました。

深沢七郎が描いているものはこれなんだと思いましたね。深沢さんはよく「人間なんて屁みたいなもんだ」と言いますが、これは比喩ではありません。地球生命体が屁をするみたいに、人間はプッと浮かび上がった瞬間的な現象で、またそれはプッと消えていってしまうという感覚で、そういう物質や生命体と一体である人間の心が、この世界で何を見るのか、感じるのか。深沢さんが描いているのはそういう世界なのではないか。レヴィ＝ストロースのような人類学者たちが描いているインディアンたちの心の世界もそれなのではないか。そういう問題は、僕にとっては唯物論的テーマそのものだったわけです。

レヴィ＝ストロース→p.46

―― いろいろなことが唯物論を通じて結びついたんですね。

中沢 レヴィ＝ストロースの *“Mythologiques”*（『神話論理』）を読んでいますと、第四巻に「自分はエンゲルスの『反デューリング論』に感銘を受けたが、それは構造主義と関係がある」とあって、自分がこの人の思想に共感した理由はこれだなと、腑に落ちたものです。

僕は、構造主義は言語学をモデルにした社会科学だという考え方に反対していました。レヴィ＝ストロースが『悲しき熱帯』の中で書いているように、タンポポの花の構造と人間の知性の構造は連続的であって、自然と文化を区別するための言語の発生だとか、言語構造が人間の精神の構造の根源にセットされている基本構造だというのは間違いだと考えていたのです。

僕はレヴィ＝ストロースの構造主義には深い関心をもっていましたが、同時におよそ異質な感じのする**『テル・ケル』**に関心をもっていました。それはなぜかというと、彼らが文学、芸術、科学、文明の問題をマテリアルの問題としてとらえようとしていたからです。彼らは小説家でもありましたから、あまり学問的なやり方をせず、直観的なとらえ方をしていまし

『テル・ケル』
一九六〇年にフィリップ・ソレルスが創刊した文学雑誌。アラン・ロブ＝グリエ、ロラン・バルト、ジャック・デリダ、ジュリア・クリステヴァなどが寄稿し、ヌーヴォー・ロマンの主戦場として、また新しい理論や知の発表の媒体として展開された。八二年廃刊。

た。僕は、彼らのアイデアの出所はとてもいいと思っていました。そういう関心の延長線上で僕は、人間の心がいったいどういう発生源をもっているものか、つきとめたいと思っていました。それでチベットに行ったのです。

民俗学が扱えるより前の〈古層〉

―― その後、いわゆるニューアカデミズムのブームが起こるわけですね。

中沢 僕にとっては、二作目の『雪片曲線論』こそ、それまでずっと考えていたことを表現したものでした。あの作品では、構造とは物質系と心《こころ》系あるいは精神系をつなぐ環としてあるのだという思想が書かれています。自然と文化を分けたり、人間の作る文化が自然の原理と違うもので構成されているとする構成主義に反対するためにあの本を書いたのです。あの本が、その後の僕の思索すべての土台になっています。そのときに問題になっているのが〈古層〉です。

僕は深沢七郎に出会ったとき、それまで読んでいた日本文学のさまざまな作家たちの文章思考の「なめらかさ」に不信感をもっていました。そこへ突如深沢さんが現れて、そこに亀裂を走らせました。それが〈古層〉の噴出でした。

その〈古層〉を探っていくと、人間の精神が自然と深いつながりをもっていたことがわかります。自然と一体になった深層構造の中から出てくる構成体として人間の文化はあるのであって、それは物質系と心系のふたつの環をつなぐ構造なくしては作動し得ないということを自分の仕事の中で追求してきました。いわゆる〈古層〉と呼ばれる精神構造が作り上げている世界は、まさに唯物論的な心というか、物質系と一体となった心系が作り出す世界の表れだと確信していました。そういう考え方で、縄文文化にも弥生文化にも向きあってきました。

――そうだとすると、中沢さんの立場からごらんになった場合、柳田國男なり折口信夫はちょっと心のほうに寄りすぎてるんじゃないか、ということになりますか？

中沢　室町時代に惣村という村の秩序ができます。柳田さん自身がおっしゃっていることですが、柳田さんの考える民俗学が対象にできるのは、その秩序ができあがった後の日本人の精神構造が中心となります。自らそういう柳田さんはたいへん誠実だと思います。

しかし、そうすると室町時代より前、古代から中世にかけての時代はどういうものなんだ、という問題が当然出てきます。僕はたまたま叔父が**網野善彦**だったものですから、網野さんとそういう問題を話したことがあります。そうしたら、彼も「まったくそうなんだ」という。室町から南北朝時代にかけて大変革が起こり、さまざまな制度の再組織化が行われて、その前の時代のことは、今までの学問で取り出すことはできていなかったのではないか、と網野さんはおっしゃっていました。そこを探求するために、彼は『異形の王権』などの仕事をしました。室町以降のいわゆる近世は封建制で、農村がベースになっています。その農村中心の日本文化の前を探求するために、網野さんは「非農業民」という概念を出されました。

――「百姓」ですね。

中沢 そうです。この非農業民の中に、日本史の大転換前のものが残されている。それは網野さんのいい方では「原始」「未開」ということになります。そこに室町、南北朝時代に大転換が起こり、今の日本まで続いているわけです。網野さんにも〈古層〉という考え方はあります。〈古層〉を網野さん的にいうと、南北朝の大動乱前の空間ということになります。

網野善彦
あみの・よしひこ。一九二八―二〇〇四。歴史学者。中世日本の職人、芸能民、漂泊民の立場を強調することで、旧来の日本社会像や社会観を一変させた。著書に『無縁・公界・楽』『「日本」とは何か』。

日本の歴史のどこに大きな切断があるかというと、僕はもう少し前のことを考えます。伊勢神宮が成立してくるプロセス、大化の改新あたりに起こった切断を探る必要があります。僕はそれを探求するために「アースダイバー　神社編」という連載をやっていて、その「古層編」がまだ続いています。

その中でいっている〈古層〉を具体的にいうと、日本列島に初めて新石器文化をもってきた縄文人と、稲作文化を運んだ倭人、そこから弥生文化が形成されますが、このふたつから生まれる日本人と日本文化のことです。当然、沖縄も入ってきます。沖縄に生活の拠点を作った海洋民と倭人とは系列がちょっと違いますが、だいたい同じ文化レベルにありました。そういう流れの中では沖縄文化も日本の古層の中に属してきます。しかし、海洋民としての系列が少し違うので、沖縄文化をもって日本文化の〈古層〉〈原型〉というのは難しいのではないでしょうか。

〈古層〉の見分けかた

――その〈古層〉というときに、層状になっているはずの時代区分が現在の民俗学でどのくらい意識されているのかが気になります。ある程度以上昔のものは、みないっしょくたにして考えていないだろうかと少し心配になることもあるのですが……。

中沢 そのとおりです。たとえば諏訪大社には、古層的なものがたくさん残されています。そこに狩猟文化的なものが出てくると、つい「これは縄文だ」といってしまう傾向がある。上社で大祝が即位するとき、鹿の首を七五頭並べて御頭祭が行われます。これが狩猟祭事であることには間違いありません。そして、これを縄文だという人もいる。

――うーん。

中沢 この判断はたいへん困難だと僕は思います。縄文時代の人は、動物の首に対してそういう扱いはしないでしょうから。彼らは基本的には送りをやるのです。動物たちの霊を送るわけです。動物は動物霊からの贈りもの、というのが新石器文化に普遍的な考え方ですから、縄文でも当然そうでしょう。しかし、鹿の首を切ったとき、送りの儀式はやるにしても、それを社殿に並べ、その前で人間たちが飲食をするお祭りをするのは、縄文型の新石器文化とは違う形態だと思われます。となるとこれは、中世に再組織化された狩猟文化ということになるでしょう。もちろん狩猟文化はずっと諏訪に残っていますが、あの儀式は中世、平安末か鎌倉かわかりませんが、中世に再編成されたものであって、構造的には〈新層〉に属するものだと僕は思います。

もちろん動物の首を社殿に捧げるなんてことは、伊勢神宮系の神道、中臣系の神道ではありえないことです。血の忌みを何よりも嫌いますから。それをものともせずに社殿に置くんだから、これは縄文じゃないか、という人も多いのですが、それはちょっと待ってほしい。諏訪大社は縄文的なベースの上に弥生的な文化を結合して作ったハイブリッド文化なのです。諏訪では稲作はあまりできないので狩猟をベースにしていますから、縄文的な文化もずっと続いてはいますが、動物霊に対する思考としては、あるいは人間と動物の互酬関係の構造においては、縄文的思考方法ではないと見たほうがいいと思います。アイテムは縄文的なものを利用しているけど、表現の精神は新層のほうに属すると考えるべきでしょう。

そういう例が多いのではないでしょうか。新しいと思われているものが実は古かったりすることも。逆に古そうなものが、新しく作られたものであることもあります。

――**エリック・ホブズボーム**がいうような歴史の捏造は、近代だけのものではないんですね。

中沢 たとえば岸和田のだんじりです。あれを近世の漁師が始めたお祭りだと考えている人もいるかもしれませんが、あれは実は古いのです。海人的倭人が日本列島に渡ってきたとき、最初からやっていた祭りを古型とするものですから、二五〇〇年の歴史があることになります。日本の祭りは基本的に、法被《はっぴ》、褌《ふんどし》姿の男たちが神輿をかついで神霊を外へ引っ張り出し、町中を歩いて元へ戻るというものです。これはもともとは海人系の祭りで、たとえそれが山の中で行われていたとしても、原型はそれです。と

エリック・ホブズボーム
一九一七―二〇一二。イギリスの歴史家。『市民革命と産業革命』、『資本の時代』、『帝国の時代』の「長い19世紀」の三部作、「短い20世紀」を扱った『20世紀の歴史――極端な時代』を著わした。ここで言及されているのは、『創られた伝統』で指摘されている、「伝統」とされているものの多くが、実はごく最近人工的に作り出されたものであることを指している。

なると、これは古層ということになります。

古層であるか新層であるかを見分けるメルクマールは、互酬関係の構造です。人間と自然との互酬関係があるかどうか、その交換様式の違いが古層と新層を分けるメルクマールです。そこを厳密に分析していかないと、古層でないものを古層と勘違いしたり、実際はすごく古いものを新しいものと勘違いすることも起こります。

柳田國男と折口信夫の仕事

――柳田や折口の仕事は、どの層まで手が届いていることになりますか？

中沢 二人ともすごいんです。折口さんのほうが対象にしている世界がちょっと古いですね。弥生時代の中期くらいから後の精神構造のことを折口さんは扱っています。ただ、縄文までは入っていません。いくつかそういうものに触れてはいますが。基本的には倭人的海民の文化だと思います。そこで、折口さんの関心は、花祭などに集中していきます。奥三河のあたりで行われている芸能は、縄文的なものではありません。伊勢湾のアヅミ系海民が天竜川筋に入っていく過程で原型が造られて、それをベースにして中世的に発達した芸能だと僕は考えています。折口さんはそれに非常に惹かれた。なぜかというと日本の芸能がそこに根源をもっているからです。

柳田さんは、初期は、よくいわれるように山人とかサンカの問題とか、日本の先住民にたいへん関心をもっていました。いい方を変えれば、〈古層〉に非常に関心があったのですね。しかし民俗学を作り上げるときに、意識的にそれをしまいこんでしまいました。その上で、日本人の精神構造として整合的に取り扱えるがゆえに、中世惣村以降の心性を対象にしたのだと思います。

もちろん日本人は昔から古いものをとても大事にしますから、その中には古層的な要素もたくさん入っていて、いちがいに近世草創のものだとはいいきれません。しかし、柳田さんはたいへん誠実な人ですから、その異質性に気がついていたからこそ、それをしまいこんだのではないでしょうか。

――そうした仕事のどこを受け継ぎ、どこを見直すべきなのでしょう。

中沢　文芸をやっている人にとって、民俗学はこれからもアイデアの泉になっていくでしょうね。ただ、柳田や折口の学問が時代的な産物であることも確かです。ですから、どこかでそれを作り替えた新しいものが出てこなければいけないでしょう。

それを強く思ったのは、最初にネパールに行ったときです。ヒマラヤの山中に入ったときに、荷物を担ぐシェルパがヘッドホンステレオを聴いていました。何を聴いてるのかと思ったら、マイケル・ジャクソンでした。彼はお寺に行けば敬虔な仏教徒で、おじいさんたちと同じようなことを考えている人であるにもかかわらず、精神層のある部分はグローバル化しているわけです。そこを無視して昔のチベット仏教や、ネパールのフォークロアだけを見ようとするのなら、それはおかしいことになるでしょう。そのころのネパールにはマオイズムや資本主義の波が押し寄せてきて文化全体がどんどん変わっているというときに、その現実を無視してはいけない、と自分を戒めました。目の前にしている人の精神のメカニズムの中で、どこが新しいソフトで動き、どこが古いソフトで動いているのか、〈層〉を見極めなければいけないという問題設定を自分に課したわけです。

民俗学も同じで、花祭も僕が学生のころには古風なやり方でやっていましたが、だんだんヤンキーしかやらなくなりました。鬼の髪の毛にも昔は赤いカツラなんかつけていましたが、今はふだんのままでいけます。それを見て嘆く人たちもいますが、僕はあまり嘆きません。なぜなら、この祭りだって何百年か前に誰かが作ったものなのですから。それまでにあった要素や、芸人たちが残した要素を取り入れて、村の人たちが創作したものなのです。聖地といわれている場所もだいたいそうで、いつか誰かが創作したものです。

そう見れば、歴史のいつかの時点で作られたものは、いつかの時点で滅びていく。それどころか、人間が作り上げた文化のいっさいは滅びていく。それは宿命だと思います。その立場に立ったときこその、民俗学であり人類学ではないでしょうか。

そうでない民俗学はファンタジーとあまり変わりません。しかし、科学はそうではありません。科学は、起源に対してノスタルジーをもたないものですし、生まれたものは滅びるものという前提に立ちます。

生命システムでも、良い悪いではなく、進化に適合するかしないかということはあります。バージェス頁岩の中に封印されたカンブリア紀の生物のように、どんなに魅力的なものであっても、やりすぎのものは進化過程で滅びていくし、それはしかたのないことです。情けないかっこうで地上に現れたネズミが生き残り、最後は人間になった。そういう見極めを、人間科学においてもしなければいけないと思います。そして、こういう考えだとナショナリズムにはなりえないですね。

――そういう視点をもっていれば、右翼も左翼も関係ないということになりますね。

中沢 まず関係はありません。ただですね、では〈日本〉というものはないのかというと、そうではない。誤解を招きやすいのですが、日本には日本の〈国体〉というものがあります。これは国家とも違うもので、なかなか説明しづらいですが、僕もいろんなものを見てきたり、歴史を研究してきて、この日本の〈国体〉がユニークな構造をしていることは否定できないのです。

なぜユニークかというと、古層が新層の中に組み込まれているのです。レヴィ＝ストロースが日本に来たとき、「高度産業社会の先端を走っている国でありながら、野生の思考の産物がこれほど文化の中にいきいきとセットされている世界はない」と見抜いています。僕も同じ考えです。古層が生きている。その古層を取り出すことが大事だと思っています。その古層は実体ではなく、ソフトです。

新国立競技場の問題が出てきたとき、僕は明治神宮について深く考えました。明治神宮は、何もないところに「新しい伝統」としての聖地を作っています。しかも、それが伝統になっている。あれは、今よくあるようなモダン建築に記号としての和を貼りつけただけのものではありません。日本を示すできあいの記号を貼りつけるのではなくて、目に見えないソフトを使って、そこに新しい聖地を作ることに挑戦しています。それはなかなか意義のある行為だったと思います。僕らが今やらなければいけないのは、それだと思います。

このソフトは、なかなかユニークに作られています。ヨーロッパの近代文化の特徴をひとことで「自然と文化の大分割」とまとめるとするなら、こちらは自然と文化を分割しません。自然が文化の中に嵌入し、ハイブリッドを作っているのです。精神的な文化でいえば、古層の文化が新層の文化に嵌入してきてハイブリッドを作りながら、しかも古層的なものに変質が起きていない。それが今も生き残っている。そういう文化を作るのが、カッコつきですが日本の〈国体〉だと思います。

―― レヴィ＝ストロースに限らず、海外からやってきて日本の文化のあり方に驚く方は多いですが、逆に日本でずっと育っている人にはそういう特徴が見えにくいんでしょうね。

中沢 外国のことを知らないで日本を持ち上げようとすると、靖国神社などのできあいのアイテムに飛びついてしまいます。それ自体、間違ったことではないでしょうが、もっと根源的なものに目を向けてもらいたいですね。靖国神社ではなくてむしろ明治神宮に目を向けるべきだと思います。

―― そう考えると、**南方熊楠**は、早くから欧米を見聞して日本をちょっと離れて見る目をもっていましたし、明治神宮の何が大切かを考えてもいましたから、このふたつだけとっても非常に面白い存在ですね。

南方熊楠
みなかた・くまぐす。一八六七―一九四一。日本の博物学者、菌類学者、民俗学者。観察を主体とする和漢の博物学的伝統を学問方法として受け継ぎ、博物誌、民俗学、生物学などの幅広い領域にわたる膨大な研究を残した。著書に『十二支考』『南方随筆』。

民俗学を賦活する

中沢　僕は山梨の田舎に生まれましたが、西洋的な文化がとても好きで、子供のころの将来の夢は、なんとイギリスのパブリック・スクールに入学することでした。

――あはは、いいですね。

中沢　そういう少年が、自分の周りの世界をけっこう遠い目で見ていた。途中でマルクス主義なんか勉強したものだから、日本の現体制を外から見るような感じにもなりました。そういう人間が深沢七郎の亀裂を見たときに、そこから吹きつけてくる風にあてられて、自分はどこに向かわなければいけないか、方向づけられたのです。限りなく遠い目をもちながら、しかも一番深いところにたどりつくにはどうしたらいいかということをずっと考えてきたわけです。

――それは実は、柳田や折口ももっていたもののような気がしますね。

中沢 そのとおりです。折口さんの『死者の書』は、イギリス人の最初の『死者の書』の翻訳の装丁と同じです。折口さんの中にも、「アラビアのロレンス」ではありませんが、ケルト文明に対する強い憧憬は存在していたし、柳田さんの中にも強烈にありました。柳田さんの〝今ではない日本〟に向かっていこうとする側面は、彼の中の倫理的な側面とは違うものではないかと感じています。確かに柳田学は、農政政務官として「農民はなぜ貧しいか」と考えるところから出発していますが、それだけで柳田学ができるわけではありません。彼はなにかとてつもない風にあてられたのだと思います。僕が深沢七郎の亀裂から吹きつけてくる風にあてられたように。

――『山の人生』で紹介されている、飢えた炭焼男が、家の中で夕日を浴びて、子供の首を斧で切ってしまうというエピソードのような……。

中沢 そうなんです。もともとは新聞に載った小さな記事でしょう。それに鋭く反応する柳田さんには、倫理家・思想家としての柳田國男とは別の、言語道断なものに惹かれる、もうひとりの柳田國男がいると思います。言語道断な柳田國男、言語道断な折口信夫、加えて、もとより言語道断な南方熊楠です。これらの人たちが〈古層〉の学問を開いていったのです。

――熊楠がやっていた民俗学は、古層のどの部分までたどりついていることになるでしょうか?

中沢　この人の学問は旧石器まで行っています。たとえばシンデレラの研究や燕石の研究がありますが、あれは東アジアとケルトの共通性を探ろうとしたもので、ユーラシアの西の端と東の端がある共通の基礎文化をもっていた時代を考えています。そうなると、これは旧石器なのです。旧石器時代の人類の移動が考えられています。『十二支考』になると、動物トーテムの問題が出てきて、これは中石器的問題です。生物がらみのことで南方熊楠が取り組んだ問題は、だいたい旧石器に触れています。

――なるほど、やはりそうとう鋭いアンテナをもっていたことになりますね。

中沢 当時は人類の移動ルートについて、まだわかっていませんでしたし、アフリカが人類の起源だということもはっきりしていませんでした。今だったら、あの人はもっと自分の考えていることをはっきりとつかみ出して、世界中の誰もできていないような研究をやり遂げたでしょう。

ヨーロッパ人でそういう仕事をしたのは、**ジョルジュ・デュメジル**です。インド＝ヨーロッパ語族という限定があって、少し狭い印象は受けますが。それでも、インド、イラン、北欧、アイスランド、アイルランド、ブルターニュまで入る広い領域、ケルトまでを含む古い地層にまで入り込んだ学問です。すごいんじゃないでしょうか。

レヴィ＝ストロースは、環太平洋圏に関するある明確なヴィジョンをもっていました。それが一番よく出ているのは『構造人類学』の中の、「双分組織は実在するか」という論文で、インドネシアと南米の比較をしています。このふたつの離れた世界で双分制において構造的に同型だということを示した研究です。そういうことを考えていた**ヨセリン・デ・ヨング**というオランダの人類学者へのオマージュとして書かれたものですが、とにかくインドネシア文化と南米文化は似すぎているのです。そういうことを証明するために、慎重なレヴィ＝ストロースは、北米までさかのぼって

ジョルジュ・デュメジル
一八九八―一九八六。フランスの比較神話学者、言語学者。比較神話学で、インド・ヨーロッパ語族三機能イデオロギーを発見し、クロード・レヴィ＝ストロースや後の構造主義に大きな影響を与えた。著書に『神々の構造』『ゲルマン人の神々』。

ヨセリン・デ・ヨング
P. E. ヨセリン・デ・ヨング。一八八六―一九六四。オランダの民族学者。デュルケームやモースのフランス社会学の影響を強く受け，独自のオランダ構造主義をうち立てた。著書に『オランダ構造人類学』。

いく構想をもつ『神話論理』を書きました。『仮面の道』という本では、そこからもう一歩日本の方へ踏み込んでいます。僕がいま『アースダイバー』でやっているのは、それをさらに引き延ばしていく仕事です。これは別名「ジオミトロジー」(地理神話学)の研究なのです。

——おお!

中沢 そういう仕事をレヴィ＝ストロースは細部の綿密な検討を通じてやりますが、それが僕は大好きです。いま僕が対馬という小さい島で、細かいディテールに分け入りながら研究を展開しているのは、そういう流れにあります。

それは南方熊楠がやろうとしていた仕事なのかもしれませんし、海民の動きということになれば、それはまさに折口さんの考えていた思想の実体化です。折口さんの『古代研究』で書かれていた「古代」が、いつ、どこのことなのか、それが特定できるかもしれない。そういうことをいまやっています。

吉本隆明の南島論／天皇論

――いわゆる南島論についてはどうお考えですか。

中沢 **吉本隆明**さんの南島論は面白いですね。つかみどころがないところもありますけど、谷川健一さんとはちょっと違うことを考えています。谷川さんは谷川さんで、面白いニッチ感覚をもっていて、柳田、折口がやらないところを探すのが絶妙にうまい。

それはともかく、吉本さんの構想は、海洋民としての倭人が日本文化のベースのひとつを形成する、という僕の考えとはまた違っています。吉本さんは縄文とはいいたくないんですね。

――そのかわりに、沖縄というわけですね。

中沢 そこで「南島」というわけです。僕はまだ吉本さんの南島論を本格的に読み解く暇がないのですが、僕とは考えていることが少し違うのだと

吉本隆明
一九二四―二〇一二。評論家、詩人。戦後日本の左派を代表する批評家。論評の対象はあらゆる範囲に及び、多くのファンを生んだ。著書に『共同幻想論』『書物の解体学』。

谷川健一→p.2, p.50

はわかっています。

吉本さんは天皇制の秘密を沖縄の女性を中心とする祭祀制との関わりで解こうとしているでしょう。そこが違っています。

――具体的にはどういうことでしょう。

中沢　大和の王権を考えるとき、卑弥呼の問題があります。邪馬台国には畿内説と九州説がありますね。僕は九州説で、九州の糸島にできたと思っています。しかし、卑弥呼の墓は、三輪山の麓の箸墓古墳だと思います。ただ、それと大和王権は切れています。だいたい『古事記』の中には、そんなことひとことも出てこないのです。『日本書紀』にも出てこない。神武天皇からしか書かれていません。神武天皇は実在したと僕は考えています。ただ神武天皇も、三輪へ入っていったとき、当時そこにいた大豪族の物部氏と結婚して、三輪山の神を祀っています。三輪山の神は、もともと縄文の神様で蛇なんです。雷《いかづち》で大蛇の神です。そこには女性の神は出てきません。卑弥呼とはまた別なのです。聞得大君も、沖縄独特の考え方で作ってあります。いくつも断絶がありすぎます。だから、南島の事例をもって日本の古層を解明できるということには、ストレートにはならないでしょう。

―― 層が違っているのだ、ということですね。

中沢 吉本さんは、別に日本の解明をしようと思っているわけではないのだと思います。東アジアにおける王権、権力構造に関心があって、そこへもっていこうとしていたのではないでしょうか。吉本さんがなぜそんなことをやっていたかというと、中国とロシアの問題が関係しています。なぜマルクス主義はロシアであぁいう形態をとったか、という問題で、「〈アジア的〉専制主義」というところに吉本さんの思考は進んでいきました。〈アジア的〉専制主義をとっているのはロシアですが、その原型は中国です。この中国の専制主義が、日本に日本共産党という小型化したかたちで作られた、と考えた吉本さんは、それと大和王朝の問題をパラレルに考えているのです。

―― そうだったんですか!

中沢　その中心点は〈アジア的〉専制主義で、要は朝貢制度、ギフトです。しかし、日本は、〈アジア的〉専制主義の中国とは、一貫して距離をとろうとしてきました。その原因を探っていく必要があると思います。
吉本さんの中では、〈アジア的〉専制主義的な中国の思想と日本の思想の違いに関心があったと思います。ところが、左翼運動は結局〈アジア的〉専制主義の変形に流れていき、日本のマルクス主義もそういう流れになっていきました。そういう大きい流れの中の南島論なのです。まだまだ研究しないといけませんね、吉本さんの南島論は。

――昔から気になっていることですが、吉本さんの南島論の中では、アイヌと琉球はひとつながりのものとして認識されています。しかし、アイヌと琉球の音楽を聴いてみると、これはまったく違うものと思えてなりません。アイヌの音楽は、むしろアフリカ的なものに近い気がするんですね。

中沢　たしかに沖縄とアイヌは違いますね。ユーカラなどは動物の中に入って歌います。ああいう歌は沖縄にはありません。アイヌのものは、アメリカ・インディアンの北西海岸やアフリカにむしろ近い。

宮沢賢治→p.90

――宮沢賢治の童話でも、人間と動物が共生しているような世界が描かれますね。今回、岩野先生もそうしたところに古層を見てらっしゃいますが……。

中沢 ヨーロッパの童話も基本的にそうですね。児童文学の世界の全体が、現代世界の中の小さい自然保護区のような古層的な精神の表れなのだと思います。あらゆる人間が古層の心をもって世界に現れ、生まれてくるわけですから。純真さも残酷さも含めて〈古層〉です。

深沢七郎の衝撃もそれなんでしょう。純真であり残虐で、これをふたつながらにもっています。子供もそうじゃないですか。児童文学というのは、実は古層文学なのだと思います。

古層ソフトを開発せよ!

――二一世紀の民俗学の仕事はどういうものになるのでしょうか。

中沢 古層ソフトを作ればいいと思います。古層をソフトプログラムとして構築し、操作する。いろんなかたちができるでしょうね。たとえば、古層プログラムを経済システムとして作動させたらどうなるか、非常に興味深いですね。今の金融資本主義というか資本主義自体にこういうソフトウェアをセットしていかないと、自滅してしまうでしょう。

――いろんな方が指摘していますが、資本主義自体が自滅の危機にある印象がありますね。

中沢 生き延びさせる必要もないという気もしますが、でもそうすると人類が死滅してしまいます。さらに人類だけではなく、この地上にいるあらゆる生物が巻き添えを食ってしまいます。こんな人類のために。これは許せない。そうなると、なんとかこれを別のかたちにトランスフォーム、あるいはメタモルフォーズするしかありません。そのためには、人類の文化の生みの親である古層ソフトをこの中に組み込んでいくしかないだろうと思います。

——もう少し詳しく伺ってもいいですか？

中沢 シュルレアリスム革命が参考になります。現実の都市生活の心の〈古層〉をセットする実験だったわけですから。

——それを進めるにあたって、貨幣や通貨に対する考察は避けられませんよね。

中沢 しかし、資本主義のオルタナティヴなんて言葉がありましたが、どうもそういうものでもないようです。違う道を探らなければいけない。ポスト資本主義とか**トマ・ピケティ**のいっていることとか、どれも物足りない考えばかりです。

トマ・ピケティ 一九七一— 。フランスの経済学者。経済的不平等の研究の専門家で、二〇一三年に発表した『21世紀の資本』は、長期的には資本収益率（r）は経済成長率（g）よりも大きい（r>g）ことを示し、世界的なベストセラーとなった。

さっき「アフリカ的」という言葉が出ましたが、吉本さんの思想の中では、「アフリカ的」という概念が今後もおおいに生かせるものだと思います。アフリカ的民俗学、アフリカ的資本主義ですね。吉本さんはアフリカ的資本主義ということを考えていましたが、それは何かというと、実はさっき僕がいった古層ソフトを組み込んだ資本主義のことです。

――その誕生が待ち遠しいですね。今日はどうもありがとうございました。

索引

人名

あ

か

さ

た

な

は

著者略歴

金山秋男（かねやま・あきお）

明治大学法学部専任教授、明治大学死生学・基層文化研究所代表。1948年、栃木県生まれ。東京大学大学院博士課程修了。著書に『歎異抄』（致知出版）、共著に『「生と死」の図像学』（至文堂）、『巡礼　その世界』（風間書房）、『人はなぜ旅に出るのか』（風間書房）、『生と死の東西文化史』（方丈堂出版）、『古典にみる日本人の生と死』（笠間書院）。

居駒永幸（いこま・ながゆき）

明治大学経営学部専任教授。1951年、山形県生まれ。國學院大學大学院博士課程修了。著書に『古代の歌と叙事文芸史』（笠間書院）、『東北文芸のフォークロア』（みちのく書房）、『歌の原初へ　宮古島狩俣の神歌と神話』（おうふう）、共著に『古典にみる日本人の生と死　いのちへの旅』（笠間書院）、『日本書紀〔歌〕全注釈』（笠間書院）。

岩野卓司（いわの・たくじ）

明治大学法学部・明治大学大学院教養デザイン研究科専任教授。1959年、埼玉県生まれ。専門は思想史。パリ第四大学哲学科博士課程修了。著書に『ジョルジュ・バタイユ　神秘経験をめぐる思想の限界と新たな可能性』（水声社）、『贈与の哲学　ジャン=リュック・マリオンの思想』（明治大学出版会）。

中沢新一（なかざわ・しんいち）

明治大学研究・知財戦略機構特任教授、野生の科学研究所所長。1950年、山梨県生まれ。東京大学大学院 人文科学研究科 博士課程満期退学。著書に『チベットのモーツァルト』『森のバロック』『カイエ・ソヴァージュ』全5巻、『アースダイバー』『芸術人類学』『野生の科学』『日本文学の大地』など多数。

La science sauvage de poche 04
日本人の魂の古層

2016年3月31日　初版第1刷発行
2016年7月15日　　　第2刷発行

編著者　金山秋男
発行所　明治大学出版会
〒101-8301
東京都千代田区神田駿河台1-1
電話　03-3296-4282
http://www.meiji.ac.jp/press/
発売所　丸善出版株式会社
〒101-0051
東京都千代田区神田神保町2-17
電話　03-3512-3256
http://pub.maruzen.co.jp/
装　丁　坂川栄治+坂川朱音（坂川事務所）
編集協力　遠藤里美，古峨美法，北條一浩
印刷・製本　萩原印刷株式会社

ISBN 978-4-906811-17-5 C0039